SPICKZETTEL FÜR LEHRER

AF648727

CARL-AUER

Cornelia Wolf

Der Klassenrat

Konflikte demokratisch lösen

2016

Reihe »Spickzettel für Lehrer«, Band 14
hrsg. von Christa Hubrig und Peter Herrmann
Reihengestaltung: Uwe Göbel
Umschlag und Satz: Heinrich Eiermann
Printed in Germany
Druck und Bindung: Kösel, Krugzell

Erste Auflage, 2016
ISBN 978-3-8497-0094-2
© 2016 Carl-Auer-Systeme Verlag
und Verlagsbuchhandlung GmbH, Heidelberg
Alle Rechte vorbehalten

Bibliografische Information Der Deutschen Nationalbibliothek:
Die Deutsche Nationalbibliothek verzeichnet diese Publikation in der Deutschen Nationalbibliografie; detaillierte bibliografische Daten sind im Internet über http://dnb.d-nb.de abrufbar.

Informationen zu unserem gesamten Programm, unseren Autoren und zum Verlag finden Sie unter: www.carl-auer.de.

Wenn Sie Interesse an unseren monatlichen Nachrichten aus der Vangerowstraße haben, können sie unter http://www.carl-auer.de/newsletter den Newsletter abonnieren.

Carl-Auer Verlag GmbH
Vangerowstraße 14
69115 Heidelberg
Tel. +49 6221 6438-0
Fax +49 6221 6438-22
info@carl-auer.de

CARL-AUER

Spickzettel für Lehrer – systemisch Schule machen

»Hast du einen Spickzettel?« Diese Frage kennen wir noch aus der Schulzeit, aus der Schülerperspektive, wenn es darum ging, sich auf Prüfungen und Klassenarbeiten vorzubereiten. Wechseln wir die Rolle und Perspektive und stellen uns auf die andere Seite des Klassenzimmers, auf der die »Wissenden«, d. h. die Lehrer, stehen. Schnell wird deutlich: Bei aller Erfahrung gibt es doch erhebliche »Wissenslücken« im Umgang mit schwierigen Situationen, ob sie nun das Lernen selbst, die Schule als Organisation oder die Beziehungen und das Verhalten der Beteiligten betreffen.

Systemisch orientierte Pädagogen können sich hier ruhig und entspannt zurücklehnen, wohl wissend, dass sie selbst »Fragende« sind – Fragende bezüglich passender

Antworten auf die sich stets wandelnden und neu entstehenden Konfliktfelder in der Organisation Schule, zwischen Schülern und Lehrern, zwischen Schule und Eltern und auch mit dem politischen Umfeld von Schule.

Aus systemischer Sicht sind Schwierigkeiten immer mit Lernchancen verbunden. Wo der Blick vom Problem auf die Lösung wechselt, wo man statt hinderlicher Defizite hilfreiche Ressourcen ins Auge fasst, kommt auch die Haltung in Bewegung. Ein gut platzierter Unterschied zieht dann oft viele positive Änderungen nach sich.

Die Bücher dieser Reihe wollen Einladungen sein, sich auf diese andere Sichtweise einzulassen. Sie sollen Lehrern, Erziehern und Schulleitern Methoden und Strategien zum täglichen Handeln anbieten, die Ihnen die Arbeit – und im besten Fall: das Leben – leichter machen. Sie sind auch Rezepte, die man ausprobieren und mit eigenen Zutaten verfeinern kann.

Wir wünschen Ihnen viel Spaß beim Lesen, Erfahren und Ausprobieren!

Christa Hubrig & Peter Herrmann

Institut für systemische Lösungen in der Schule (ISIS)

www.isis-institut-koeln.de

Inhalt

Vorwort

Der Klassenrat ist längst aus seinem Nischendasein herausgekommen. An meiner aktuellen Schule stellt er eine wichtige Instanz der Konfliktlösung dar. Die Kinder fordern ihn ein, und bei den Klassenlehrern ist er sehr beliebt – er hat sich als demokratische Methode für die Lösungsfindung bei zwischenmenschlichen Alltagskonflikten immer wieder bewährt. Die Lehrer werden entlastet, da sie nicht mehr als Alleinzuständige in Anspruch genommen werden, wenn es um die Lösung von Streitigkeiten und Problemen der Kinder geht. Viele Lehrkräfte haben mir berichtet, dass sie durch den Klassenrat viel Neues über ihre Klasse erfahren haben. Es wurden Dinge angesprochen, von deren Existenz sie nichts geahnt hatten.

Die Lehrerinnen und Lehrer erleben den Klassenrat als sehr entlastend und hilfreich. Allerdings kann er sich bei der Umsetzung in die Praxis als facettenreicher erweisen als geahnt. Kleine und große Schwierigkeiten bleiben nicht aus. Zum Beispiel halten die Kinder sich nicht immer an die ausgemachten Regeln, die Beschlüsse werden nicht eingehalten oder es werden immer wieder die gleichen Themen vorgebracht. Da kann man schnell die Lust verlieren und an der Methode oder gar an sich selbst zweifeln. Man fragt sich: Mache ich etwas falsch, ist meine Klasse dafür nicht geeignet oder ist der Klassenrat vielleicht gar nicht so toll, wie ich gedacht habe?

Doch: Der Klassenrat ist sehr wertvoll und kann ausgesprochen viel leisten. Die erfolgreiche Umsetzung erfolgt allerdings selten ohne Stolpersteine. Diese sollten einen aber nicht zu Fall bringen und zur Absetzung des Klassenrats führen. Während meiner zwölfjährigen Erfahrung habe ich diese Stolpersteine identifiziert und viele Lösungswege gefunden, wie man sie aus dem Weg räumen kann.

In meinem Setting war es immer so, dass ich als Schulsozialarbeiterin den Klassenrat in den 5. Klassen eingeführt habe, wobei die Klassenleitung anwesend war und ihn nach ein paar Wochen selbst übernommen hat. Diesen Luxus gibt es leider nicht an allen Schulen.

Das Buch ist aber so geschrieben, dass es als Anleitung für eine Lehrkraft geeignet ist, die den Klassenrat in ihrer Klasse alleine einführt. Wenn Sie eine Schulsozialarbeiterin oder einen Schulsozialarbeiter an der Schule haben, ist es sicher von Vorteil, den Klassenrat zunächst gemeinsam in der Klasse einzuführen.

Meine Erfahrungen beruhen auf der Einführung und Abhaltung von Klassenräten in mehreren Jahrgängen der 5. und 6. Klassen einer Werkrealschule und einer Realschule sowie vereinzelt auch an Gymnasien und einer Förderschule.

Mein Wissen habe ich in vielen Lehrerfortbildungen weitergegeben und daher zahlreiche Rückmeldungen über häufig auftretende und sich wiederholende Probleme bekommen. Mit diesem Buch hoffe ich, noch mehr Menschen zu erreichen als in meinen Seminaren und somit vielen Klassenräten zum Erfolg zu verhelfen oder sie sogar vor dem Verschwinden zu bewahren.

Anmerkung zur Schreibweise von männlichen und weiblichen Personen:

Ich schreibe mal von männlichen Personen und mal von weiblichen – das entspricht der Alltagssituation, in der es auch nicht nur Schülerinnen oder nur Lehrer gibt.

Cornelia Wolf
im Dezember 2015

1 Ziele des Klassenrats

Streitkultur

Viele Kinder haben nicht gelernt, Konflikte direkt anzusprechen. Wenn sie sich über jemanden geärgert haben, fangen sie häufig an, denjenigen zu beleidigen oder mit anderen über ihn zu reden. Der Betroffene weiß oft gar nichts von den Ursachen und Zusammenhängen.

Auch wir neigen ja oft dazu, eher eine patzige Antwort zu geben, anstatt zu sagen: »*Ich habe mich über dich geärgert, weil du vorhin so unfreundlich zu mir warst und mir nicht geholfen hast.*«

Durch den Klassenrat lernen die Kinder, ihre Probleme direkt zu benennen und lösungsorientiert zu argumentieren. Was sie im Klassenrat erleben, können sie in ihrem Alltag fortsetzen und so ihre soziale Kompetenz erweitern. Sie erfahren, dass es zu einem Ereignis unterschiedliche Meinungen gibt. Über diese muss diskutiert und gestritten werden – nur so lässt sich Gewalt verhindern. Die Schüler erlernen eine andere Streitkultur, indem sie ihre Konflikte direkt ansprechen, um sie zu lösen.

2 Voraussetzungen

An den meisten weiterführenden Schulen in Deutschland werden die Kinder in den 5. Klassen neu zusammengewürfelt. Sie müssen sich erst mal kennenlernen und ihre Position in der Gruppe finden. Das braucht etwas Zeit. Daher beginne ich den Klassenrat in der 5. Klasse meist im Oktober oder November – je nach Ferienlage. Das ist erfahrungsgemäß ein guter Zeitpunkt. Die Kinder sollten in der Lage sein, sich in einem gewissen Maß an Regeln zu halten.

Grundvoraussetzungen sind bei den Kindern einerseits der Mut, ihre Probleme vor der Klasse zu schildern, und andererseits die Ernsthaftigkeit, auf das Eingebrachte zu reagieren. Ganz selten habe ich erlebt, dass es im November noch zu früh dafür war – falls doch, kann eine Einheit »Soziales Lernen« sinnvoll sein. Über Spiele und Übungen finden die Kinder dabei zueinander und verbessern ihr Sozialverhalten.

Optimal ist es, wenn für den Klassenrat eine bestimmte Stunde im Stundenplan vorgesehen ist. An vielen Schulen ist das leider nicht der Fall. Oft gibt die Klassenleitung nach individueller Entscheidung eine von ihren Stunden dafür ab. Man kann nur hoffen, dass die Wichtigkeit und der Präventionscharakter des Klassenrats zukünftig besser erkannt werden und dieser somit im Lehrplan Einzug findet.

Um potenzielle Stolpersteine zu umgehen, hat sich in meinen Praxisjahren der im Folgenden beschriebene Einstieg mit bestimmten Regeln bewährt.

3 Ablauf und Regeln

Ich habe im Klassenrat immer viel Wert auf die strikte Einhaltung der Vorgaben gelegt. Wenn man besonders am Anfang auf die Regeln und Strukturerhaltung achtet, hat der Klassenrat bessere Erfolgschancen.

Stuhlkreis

Der Klassenrat findet immer im Stuhlkreis statt. Es ist wichtig, dass sich alle sehen können.

Lob- und Dankrunde

Beim Klassenrat, im Schulalltag und auch allgemein in der Gesellschaft wird schnell das Negative genannt: Was hat mich geärgert? Was stört uns? Im Schulalltag klappt aber sehr vieles sehr gut, es passiert Erfreuliches und es gibt Grund zum Zufriedensein. Daher möchte ich den Fokus auch auf diese positiven Dinge und Ereignisse richten, die meist zu wenig Beachtung finden. Es ist für eine Klasse wichtig zu sehen, dass vieles gut klappt und dass die Kinder sehr oft freundlich und hilfsbereit miteinander umgehen. Daher sollte in der »Lob- und Dankrunde« nur Positives gesagt werden.

Die Kinder können sich bei jemandem bedanken, der ihnen in der vergangenen Woche geholfen hat. Manche bedanken sich auch bei ihrem Lehrer oder sagen, wie froh sie sind, dass sie so viele Freundinnen gefunden haben. Für Lehrerinnen, die sich an der Runde beteiligen, ist es auch eine gute Gelegenheit, der Klasse etwas Positives zurückzumelden, was ja gerne mal untergeht – hier ist Zeit dafür!

Bis eine Lob- und Dankrunde richtig gut funktioniert, braucht es meist etwas Zeit und Unterstützung. Anfangs fällt vielen nichts ein – außer, etwas Negatives zu sagen, was aber absolut verboten ist (manchmal muss man es so deutlich sagen). Nach kurzer Zeit klappt es aber meist ganz gut. Die Runde sollte schnell und ohne Kommentare der anderen ablaufen. Wem nichts einfällt, der wird zum Schluss noch mal aufgerufen. Wiederholungen sollten vermieden werden. Ein Kind, dem es noch schwerfällt, sich bei einer einzelnen Person zu bedanken, kann z. B. auch sagen: »*In meiner Klasse gefällt mir, dass …*«

Ablaufschema

Im Folgenden wird der Ablauf in 8 Punkten schematisch und kurz geschildert. Spezielle Begriffe wie beispielsweise Klassenratsheft oder die Drei-Fragen-Folie sowie die Ämter werden in den weiteren Abschnitten ausführlich erklärt.

1. Die Person, die ein Problem besprechen möchte, hat sich mit Datum und Namen (nicht mit dem Problem!) in das Klassenratsheft eingetragen. Falls sich mehrere eingetragen haben, wird nun der erste Name vorgelesen.
2. Diese Person schildert ihr Anliegen, dabei hilft die Drei-Fragen-Folie mit folgenden Fragen:

- Was ist dein Problem?
- Wie fühlst du dich dabei?
- Was möchtest du?

3. Wenn eine andere Person an dem Problem beteiligt ist (z. B. Paul trinkt immer ungefragt aus Lisas Trinkflasche), soll erst die betreffende Person etwas zu der Angelegenheit sagen, danach dürfen alle anderen sich dazu melden.

4. Wenn das Problem für alle weitgehend klar ist und andere Kinder etwas dazu gesagt haben, fängt die Lösungsphase an.
5. Nun sollen die Kinder nur noch Lösungsvorschläge zu dem Thema nennen. Alle Vorschläge werden vom Schriftführer notiert.
6. Alle Vorschläge werden abschließend vorgelesen, und die Person, die das Thema eingebracht hat, sucht sich einen oder mehrere Vorschläge davon aus. Diese werden als Beschluss in das Klassenratsheft übertragen. Es wird noch nachgefragt, ob es dafür einen Konsens in der Klasse gibt.
7. Die Umsetzung des Beschlusses wird in der nächsten Klassenratsstunde überprüft mit der Frage: *»Hat es geklappt?«* (Sobald der Klassenrat regelmäßig stattfindet, beginnt die Stunde immer mit der Überprüfung des letzten Beschlusses.)
8. Wenn sich noch weitere Kinder eingetragen hatten und die Zeit ausreicht, wird das nächste Kind befragt, das im Heft steht. Ansonsten ist der Klassenrat beendet.

Der Klassenrat sollte in der 5. Klasse wöchentlich stattfinden. Gut wäre eine feste Stunde am Donnerstag oder Freitag, es sind aber auch andere Wochentage möglich. Der Montag nach dem Wochenende oder gar nach den Ferien ist erfahrungsgemäß ungünstig.

Ämter

Es werden vier Ämter auf fünf Kinder verteilt, das Amt *Schreiber der Rednerliste* übernehmen immer zwei Kinder. Die Ämter sind vom Aufwand her sehr unterschiedlich und sie sind auch unterschiedlich beliebt. Sie werden nach der Reihenfolge der Klassenliste verteilt. Wenn jemand nicht anwesend ist, wird er übersprungen und kommt beim nächsten Mal dran.

Manche Kinder tun sich mit den Ämtern schwer, andere zeigen wahre Talente. Durch die Zuordnung per Klassenliste ist die Ämterverteilung zufällig. Ich sage immer: Jeder versucht, sein Amt so gut, wie er kann, auszuüben. Ich möchte keine Kritik der anderen an der Ausübung der Ämter hören. Es ist leider sehr beliebt, die Amtsinhaber zu kritisieren. Das unterbinde ich strikt. Die Einzige, die etwas dazu anmerken darf, ist die Lehrkraft. Manche

Kinder müssen aber dennoch immer wieder daran erinnert werden, welches Amt und somit welche Aufgabe sie haben.

Die Ämter werden in jeder Klassenratsstunde neu verteilt, man hat sie immer nur für eine Sitzung inne. Wenn alle in der Klasse einmal mit einem Amt dran waren, fängt die Vergabe nach der Klassenliste wieder von vorne an.

Schreiber der Rednerliste

Das Amt dient dazu, dass diejenigen, die etwas sagen wollen, per Rednerliste aufgerufen werden und sich nicht ewig melden müssen. Da das Amt etwas komplexer ist, sollten es immer zwei Personen ausführen. Sie brauchen einen Block und Stift zum Schreiben. Sie müssen sich nebeneinandersetzen und ihr Amt aufteilen – am besten so, dass eine Person die Namen der Kinder aufschreibt, die etwas sagen wollen, und sie der Reihe nach aufruft. Der andere schaut in die Runde und nennt seiner Partnerin die Namen der Kinder, die sich melden. Über Blickkontakt oder Handzeichen signalisiert er den Kindern, die die Hand heben, dass ihre Wortmeldung notiert ist und sie den Arm wieder senken können.

Schriftführerin

Das Amt der Schriftführerin besteht aus mehreren Aufgaben. Die Schriftführerin bekommt das Klassenratsheft. Sie liest den Beschluss der letzten Stunde vor und überprüft, ob die Umsetzung geklappt hat. Dann liest sie vor, wer sich für heute eingetragen hat und fragt, ob das Anliegen noch aktuell ist. Daraufhin legt sie der eingetragenen Person die Drei-Fragen-Folie vor.

Wenn während des Klassenrats Lösungsvorschläge genannt werden, muss sie diese auf einen Extrazettel notieren. Am Ende liest sie alle noch einmal vor, damit sich der Schüler, der das Problem eingebracht hat, einen der Vorschläge aussuchen kann. Den ausgewählten Vorschlag – es können auch mehrere sein – muss sie dann leserlich ins Klassenratsheft schreiben. Dies ist der Beschluss, der in der nächsten Sitzung überprüft wird.

Die beiden Ämter Schreiber der Rednerliste und Schriftführerin werden oft verwechselt – da geht es den Kindern genauso wie uns Erwachsenen. Achten sie daher bitte genau auf die Unterscheidung der beiden Ämter, damit es keine Verwirrung gibt.

Klingelmeister

Dieser bekommt eine gut hörbare Glocke oder Klingel. Er muss die Klasse die ganze Zeit aufmerksam beobachten und kurz klingeln, sobald jemand stört, dazwischenredet und etwas kommentiert, ohne aufgerufen zu sein. Zu dem kurzen Klingeln soll er den Namen des störenden Kindes sagen und möglicherweise noch die Art der Störung. Wenn die Glocke zu hören ist, sollten alle Kinder kurz ruhig sein – auch die Person, die gerade spricht –, damit man den Klingelmeister hört.

Zeitmanagerin

Diese Person hat die Aufgabe, zehn Minuten vor Ende des Klassenrats Bescheid zu geben. Wenn sie das gemacht hat, werden keine neuen Kinder mehr auf die Rednerliste gesetzt. Es werden nur noch die vorgelesen, die schon notiert sind. Wenn alle dran waren, liest der Schriftführer die gesammelten Beschlüsse (sofern vorhanden) vor. Die Person, die das Problem eingebracht hatte, darf sich dann aus den vorgelesenen einen oder mehrere aussuchen. Die Zeitmanagerin ist die einzige Person, die, ohne sich zu melden, reinrufen darf: *»Noch zehn Minuten!«*

Ein Amt ausführen und sich inhaltlich beteiligen

Ein Amt auszuführen erfordert große Konzentration während der ganzen Klassenratsstunde. Ich sage den Kindern am Anfang, dass sie sich inhaltlich beteiligen dürfen, die Ausführung des Amts aber Vorrang hat. Sie sollten sich daher thematisch lieber zurückhalten, können es aber dennoch gerne ausprobieren. Schwierig wird es, wenn ein Kind in das Thema involviert ist und gleichzeitig Klingelmeisterin oder Schreiber der Rednerliste ist. Das funktioniert in der Regel nicht.

Wenn Kinder sich selbst mit einem Anliegen ins Klassenratsheft eingetragen haben, sollen sie das sagen, wenn sie mit einem Amt beauftragt werden. Dann werden sie übersprungen und dürfen das Amt in der nächsten Stunde übernehmen.

Es kann aber auch sein, dass beispielsweise Sarah einbringt, sie habe ein Problem mit Lucy, die die Schriftführerin ist und die Lösungsvorschläge mitschreiben soll. Da Lucy sich sicher nicht gut auf beides konzentrieren kann, gebe ich kurzerhand das Amt an ihren Nebensitzer ab, damit Lucy sich an der Diskussion beteiligen kann. Man darf in solchen Fällen nur nicht vergessen, in der

Klassenliste die Ämterverteilung zu korrigieren. Dies ist besonders wichtig, um in der nächsten Stunde zeitraubende Diskussionen bei der Ämtervergabe zu vermeiden.

Wenn alle Ämter verteilt sind

Die laminierten Schilder mit den Ämterbezeichnungen sollten die Kinder sich vor ihre Füße auf den Boden legen – bitte mit genügend Abstand, da sie sonst nach einer Weile anfangen, mit den Füßen darauf herumzuspielen. Clipkarten an der Kleidung haben sich nicht bewährt, da sie meist nicht von allen gut gesehen werden können. Es sollte immer schnell zu erkennen sein, wer im Kreis welches Amt hat.

Wenn die Ämter verteilt sind, halte ich immer wieder Augenkontakt zu den Amtsinhabern. Besonders blicke ich auf die Schriftführerin, die die Lösungsvorschläge mitschreiben soll. Das ist nicht immer einfach, da sie die ganze Zeit zuhören muss, manchmal aber auch nichts zu tun hat, wenn keine Vorschläge kommen oder die Lösungsideen etwas versteckt sind. Entweder erinnere ich die Schriftführerin über Blickkontakt daran, dass sie den Lösungsvorschlag notiert, oder ich frage bei der Person nach, die gerade etwas gesagt hat: »*Ich höre daraus den Lösungsvorschlag, dass …*« Oft ist den Schülern gar nicht klar, was lediglich ein Kommentar und was ein echter Lösungsvorschlag war.

Diese Unterstützung seitens der Lehrkraft ist sehr wichtig, damit kein Vorschlag untergeht. Am Anfang der Ämterverteilung weise ich darauf hin, dass ich dabei helfe, und so schaut mich das Kind oft auch schon fragend an und wir klären es schnell nonverbal – oft durch Handzeichen.

Die Drei-Fragen-Folie

Damit das eingebrachte Problem schnell deutlich wird, verwenden wir die Drei-Fragen-Folie. Auf einem DIN-A4-Blatt sind im Querformat drei Fragen notiert:

1. Was ist das Problem?
2. Wie fühlst du dich dabei?
3. Was möchtest du?

Dieses Blatt lege ich vor das Kind, das ein Problem vorträgt. Die erste Frage bewirkt, dass wir keine ausschweifende Geschichte zu hören bekommen. Die Kinder kommen in ihrer Schilderung damit meist schnell auf das eigentliche Problem.

Die zweite Frage ist etwas schwieriger. Meist frage ich noch dazu: »*Wie war das für dich?*« Gefühle zu benennen ist oft schwer. Es ist in Ordnung, wenn die Kinder einfach nur sagen: »*Es war doof für mich*«, oder: »*Ich fühlte mich nicht gut dabei.*«

Die dritte Frage ist sehr wichtig und darf daher nicht vergessen werden. Kinder schildern ein Problem oder eine als unangenehm erlebte Situation. Soll sich der Betroffene dafür entschuldigen? Soll einfach nur mal zur Sprache gebracht werden, was passiert ist? Will man den Grund für das Handeln wissen oder soll es einfach nur nicht wieder vorkommen?

Meistens wollen die Kinder, dass es nicht wieder passiert – damit wären sie schon zufrieden. Manche Kinder im Raum wollen vielleicht etwas ganz anderes. Im Klassenrat geht es aber immer nur um den Fall, der eingebracht wird, und um das, was die betroffene Person möchte.

Die Kinder sind es gewohnt, den Lehrer anzusprechen. Wenn sie ihr Anliegen einbringen, sollten sie dabei aber die Klasse anschauen, da diese sie bei der Konfliktlösung unterstützt – das ist wichtig, aber auch schwierig. Ich weise im Verlauf des Klassenrats immer wieder darauf hin, dass die Kinder bitte nicht mich ansprechen sollen, sondern die Klasse bzw. die betreffende Person.

Gesprächsleitung

Das Amt der Gesprächsleitung gebe ich in der 5. Klasse eher selten einer Schülerin oder einem Schüler. Wie noch beim Thema »Laufen lassen oder eingreifen« deutlich werden wird, hängt der Erfolg des Klassenrats von einigen Faktoren ab, die gesteuert werden sollten. Die Ämter werden nach sehr strikten Regeln ausgeführt. Eine Gesprächsleitung ist dabei sehr wichtig – das merke ich auch oft an den Schreibern der Rednerliste: Sie rufen die Kinder der Reihe nach auf und haben oft kein Gespür dafür, wann ein Redebeitrag wirklich beendet ist. Das ist bei diesem Amt auch nicht weiter schlimm, da sich die Redner ggf. ohnehin beschweren und sagen, dass sie noch nicht fertig gewesen seien. Bei der Gesprächsleitung sollte man die ganze Zeit hochkonzentriert sein, den Verlauf, die Zeit und die Regeln im Visier haben und im passenden Moment nachfragen oder zur nächsten Phase überleiten.

Das kann für Kinder der 5. Klasse leicht eine Überforderung darstellen, zumal sie dabei auch noch eine neutrale Haltung ihrer Klasse gegenüber haben sollten. Es gibt aber durchaus Kinder, die dazu in der Lage sind. Daher ist es nicht grundsätzlich abzulehnen, Schülern die Gesprächsleitung zu übertragen. Bei meinen Fortbildungen haben mir immer wieder Lehrerinnen geschildert, dass es oft an diesem Punkt gehapert hat und Unzufriedenheit aufkam oder der Klassenrat sogar wieder eingestellt wurde. Das sollte man natürlich möglichst vermeiden.

Das Klassenratsheft

Für den Klassenrat wird ein Heft benötigt – am besten eignet sich ein DIN-A5-Vokabelheft. Ganz vorne wird die kopierte Klassenliste (in alphabetischer Reihenfolge) hineingeklebt. Dort können die Ämter eingetragen werden: »Z« für *Zeitmanagerin*, »K« für *Klingelmeister*, »R« für *Schreiber der Rednerliste* und »S« für *Schriftführerin*.

Auf der nächsten Seite können sich die Kinder eintragen. Das Vokabelheft hat eine Mittellinie – die linke Spalte trägt die Überschrift »Name« und die rechte »Datum«. Alle, die etwas besprechen wollen, tragen sich untereinander jeweils mit ihrem Namen und dem Datum ein.

Das Anliegen selbst soll nicht aufgeschrieben werden. Eingetragene Kinder sollen sich auch nicht wieder ausstreichen. Das führt nur zu Unübersichtlichkeit im Heft. Wenn sich ein Problem anders gelöst hat und nicht mehr im Klassenrat besprochen werden soll, ist das nicht schlimm. Die eingetragenen Kinder werden aufgerufen und gefragt, ob ihr Problem noch aktuell ist. So manches Mal hat es sich bereits erledigt oder man weiß gar nicht mehr, warum man sich eingetragen hat – dann hat es sich wohl schon erledigt. So wird vermieden, dass jemand, der etwas klären wollte, daran gehindert wird, weil andere das Thema vielleicht fürchten und den Namen einfach ausstreichen.

Was auch sehr beliebt ist, aber vermieden werden sollte, ist, dass sich mehrere Kinder gemeinsam eintragen. Manchmal stehen fünf Kinder zusammen auf der Liste, weil sie alle das Gleiche besprechen wollen. Dann geht erst mal die Diskussion los, wer denn nun das Problem vorstellen soll. Das ist ein echtes »Zeitfresserchen«. Es soll sich also pro Thema nur ein Kind eintragen, welches dann das Problem vorbringt. Die anderen können sich im Anschluss aktiv unterstützend an der Diskussion beteiligen. Sehr beliebt ist es auch, sich für eine andere Person einzutragen – nach dem Motto: »*Du wolltest doch sagen, dass der Emre dir immer ein Bein stellt.*« Auch das ist nicht zulässig. Jede Person entscheidet selbst, ob sie etwas in den Klassenrat einbringen möchte. Solche Fremdeinträge führen oft zu unnötigen Diskussionen, wer denn nun was sagen wollte oder nicht – ein unnötiges Zeitfresserchen.

Es wird immer Kinder geben, die sich nicht trauen, sich einzutragen. Ich kann auch nicht kontrollieren, ob Kinder unter Druck gesetzt werden, weil sie sich eingetragen haben und andere dieses Thema vielleicht fürchten. Wenn ich so etwas aber am Rande mitbekomme oder sehe, wie jemand ganz unsicher sagt, es hätte sich schon erledigt, frage ich genauer nach. Schon am Anfang weise ich darauf hin, dass jedes Kind das Recht hat, das Thema in den Klassenrat einzubringen, das ihm wichtig ist, und dass niemand deshalb unter Druck gesetzt werden darf. Falls ich irgendeine Manipulation mitbekomme oder vermute, spreche ich die Problematik deutlich an.

Der Klassenrat ist für die Klasse eine Chance, ihre Konflikte zu lösen. Dazu gehört es auch, sich mal einer Kritik oder anderen Meinung zu stellen. Es gibt keine Strafen, und der Klassenrat kann nur funktionieren, wenn eine Atmosphäre von Offenheit und Vertrauen herrscht. Natürlich gehört auch etwas Mut dazu, seine Probleme im Klassenrat zu besprechen.

Wie lange dauert der Klassenrat?

Erfahrungsgemäß dauert der Klassenrat für ein bis zwei Themen eine Schulstunde (45 Minuten). Man kann ihn aber auch grundsätzlich verkürzen und vorher sagen, es stünden heute nur 20 oder 30 Minuten zur Verfügung. Das kann sehr sinnvoll sein, wenn sich die Klasse nicht so lange konzentrieren kann oder noch nicht so diszipliniert ist. Aber der zeitliche Rahmen sollte allen vorher bekannt sein. Wenn ein Thema schneller als erwartet geklärt ist, kann man den Klassenrat auch vorzeitig beenden und die restliche Stunde etwas anderes machen – darauf sollte man immer vorbereitet sein.

Welche Lehrkraft sollte den Klassenrat leiten?

Der Klassenrat sollte möglichst immer mit dem Klassenlehrer abgehalten werden. Andere Lehrkräfte können mal dabei sein oder im Krankheitsfall die Klassenleitung vertreten. Grundsätzlich sollte die Klassenleitung stets darüber informiert sein, welche Themen und Probleme die Klasse bewegen.

4 Den Klassenrat vorstellen und einführen

Ich halte die Einführung des Klassenrats in der Regel sehr kurz. Ich erkläre, dass der Klassenrat dazu da ist, Konflikte in der Gruppe bzw. Klasse zu lösen. Wenn bisher Probleme im Schultag auftraten, konnten die Schüler zum Lehrer oder zur Schulsozialarbeiterin gehen. Nun haben sie auch die Möglichkeit, alles im Klassenrat zu besprechen. Sie können die Klasse bei der Lösung von Problemen nutzen.

Dann erkläre ich den Ablauf, die Ämter und die Heftführung. Ich sage ihnen, dass ich die Erklärung recht kurz halte und wir den Klassenrat über das Prinzip »Learning by doing« erlernen. Daher wird nicht erwartet, dass sie sich sofort alles merken oder gar mitschreiben. Sie bekommen von mir auch nichts Schriftliches. Es wird daher so sein, dass ich sie in den ersten Stunden öfter mal erinnere oder korrigiere. Beim Klassenrat gibt es kein Richtig oder Falsch. Das Grundprinzip ist ohnehin schnell verstanden.

Probethema

Nachdem die Klasse fast eine Stunde zugehört hat, will sie schnell beginnen. Schon beim Beschreiben der Ämter melden sich viele Kinder, weil sie Klingelmeister oder Schriftführerin sein wollen. Aber nachdem der Ablauf und die Ämter erklärt sind, muss erst mal ein Probethema durchgespielt werden. Das ist wichtig, da erst alles ausprobiert werden muss und dabei eventuell auch Fehler auftreten, die korrigiert werden müssen. Das wäre sehr störend und wenig wertschätzend für die Person, die schon ein persönliches Thema besprechen möchte. Man muss der Klasse für den Probedurchlauf leider noch etwas Geduld abringen.

Manche Kinder wollen sich ein neutrales Thema ausdenken – das sich dann aber meist als doch nicht so neutral erweist. Daher gebe immer ich das Probethema vor. Es handelt sich in der Regel um eine Konfliktsituation, die für die Klasse eher untypisch ist. Mir geht es beim Probethema um das Einüben der Ämter, das Sichtbarmachen und Akzeptieren anderer Meinungen sowie das Einhalten des Ablaufschemas.

Meine beiden Lieblingsprobethemen sind: »Schuluniform« oder »Hund in der Schule«.

Ich sage z. B., ich täte jetzt mal so, als sei ich eine Schülerin, die sich ins Klassenratsheft eingetragen hat, weil sie den Vorschlag machen möchte, dass an dieser Schule eine Schuluniform eingeführt wird. Das erzeugt erst mal viele lautstarke Reaktionen. Dann sage ich: »*Wie ich sehe, gibt es viele Meinungen dazu, bitte meldet euch.*« Es gibt dann viele Argumente – die meisten dagegen. Es gibt aber auch immer wieder Kinder, die sagen, dass sie es gut fänden, weil so niemand mehr mit seiner Markenkleidung angeben könnte. Wenn alle Kommentare dagegen sind, kann die Lehrerin gar nicht mehr anders und spricht sich für die Schuluniform aus, damit niemand wegen seiner Kleidung gehänselt werden kann. Daraufhin trauen sich dann meist doch noch einzelne Kinder zu sagen, dass eine Schuluniform durchaus Vorteile haben kann.

Gerade bei diesem Thema können die Kinder schon viel über den Klassenrat lernen: Es geht z. B. nicht nur darum, für oder gegen etwas zu sein, sondern man muss darüber hinaus sagen, *warum* man dieser Meinung ist. Außerdem hören sie, warum andere vielleicht ganz anderer Meinung sind. Es kommt auch vor, dass man seine Meinung ändert, weil man überzeugende Argumente von anderen hört.

Manchmal gibt es dabei keinen Klassenkonsens, auch damit muss man leben – wie so oft im Alltag. Schön ist es, wenn statt der Positionen dafür oder dagegen ein Kompromiss gefunden wird, mit dem alle leben können. Im Falle der Schuluniform könnte dieser z. B. lauten: Die Uniform muss nur jeden zweiten Tag getragen werden oder nur das Oberteil ist uniform, nicht dagegen die Hose, oder die Uniform wird von den Schülern selbst entworfen.

Oft vergessen die Kinder vor lauter Begeisterung für das Thema, dass es nur um ein fiktives Anliegen geht. Ich muss ausdrücklich betonen, dass es nicht an unserer Schule geplant ist, eine Schuluniform einzuführen, sondern dass dies nur eine wichtige Übung war.

Als weiteres Probethema wähle ich gern die Frage, ob eine Lehrerin ihren Hund mit in die Schule bringen darf, damit er nicht so lange alleine ist. Auch da gehen die Gemüter schnell hoch. Bei dem Thema gibt es meist gleich viele Pro- wie Kontra-Argumente. Auch hier ergibt sich oft eine Kompromisslösung. Wenn der Hund stubenrein, nicht zu groß und gut erzogen ist, darf er an zwei Tagen in der Woche mitkommen. Aber auch hier muss man betonen, dass es nur ein ausgedachtes Thema ist, wenn man sich aufgeregte Elternanrufe ersparen will.

Beim Probethema erfolgt die Ämtervergabe noch nicht nach der Klassenliste, und es wird auch nichts ins Klassenratsheft notiert. Die Ämter werden unter den Freiwilligen verteilt.

Man kann der Klasse alle nötigen Informationen plus die Behandlung eines Probethemas ohne Weiteres in einer Schulstunde vermitteln. Wenn man selbst noch Anfängerin ist, kann man sich dafür natürlich auch gern mehr Zeit nehmen und zwei Stunden veranschlagen. Manchmal zieht sich die Einführung sehr in die Länge, weil Kinder es lieben, nach allen erdenklichen Ausnahmen zu fragen. Ich würde nicht auf alle Rückfragen der Kinder antworten, sondern eher sagen: *»Das werden wir in der Situation dann sehen und entscheiden.«*

Freiwilligkeit

Das Besprechen von Problemen im Klassenrat ist grundsätzlich freiwillig. Man kann einem Kind empfehlen, sein Problem im Klassenrat zu klären, manchmal wünschen sich die Kinder aber lieber das Einzelgespräch. Wichtig ist zudem, dass die betreffende Person, über die sich beispielsweise jemand geärgert hat, die Zustimmung gibt, dass es im Klassenrat besprochen wird.

Wenn Mariam sich also über Leon geärgert hat und das einbringen möchte, muss Leon vorher gefragt werden, ob es für ihn okay ist. Er darf aber nur entscheiden, dass er es nicht im Klassenrat besprechen möchte, und nicht, dass er das Problem gar nicht klären will. Wenn er es nicht mit der Klasse klären will, muss eine andere Form gefunden werden. Dann soll er z. B. sagen, dass er lieber zu den Streitschlichtern gehen möchte oder ein Gespräch unter sechs Augen mit der Lehrerin gut findet.

Der Klassenrat ist kein Gericht, es soll sich niemand angeklagt fühlen. Somit muss sich auch niemand verteidigen. Wenn man etwas gemacht hat, das eine andere Person gestört hat, und diese es im Klasserat zur Sprache bringt, so nimmt man dazu Stellung. Man erklärt beispielsweise, warum man es gemacht hat. Ich sage den Kindern, dass sie sich nicht verteidigen müssen. Sie sollen einfach ihre Sichtweise des Problems darlegen. So ein Hinweis nimmt oft ganz viel Spannung raus und führt in einer unverkrampfteren Atmosphäre zur Lösung. Dennoch kann es schon mal unangenehm werden, wenn z. B. offen gesagt wird, welche Beleidigungen jemand ausgeteilt hat. Wer das nicht aushält, darf eine andere Konfliktlösungsmethode wählen.

In dem Zusammenhang würde ich auch besonders auf die Wortwahl achten. Probleme werden nicht *vor* den Klassenrat gebracht – das klingt gleich nach einem Gericht –, die Dinge werden vielmehr *im* Klassenrat geklärt.

Beschluss finden

Nachdem die Klasse alle eingebrachten Lösungsvorschläge gesammelt hat, soll sich das Kind, das das Problem vorgetragen hat, für eine Lösung entscheiden, die es ausprobieren möchte. Dazu liest die Schriftführerin noch mal alle erwähnten Lösungsvorschläge vor, die sie im Laufe der Klassenratsstunde notiert hat. Das oben genannte Kind entscheidet sich für einen oder auch mehrere Vorschläge.

Selbst wenn jemandem die Auswahl nicht optimal erscheint, wird der ausgewählte Lösungsvorschlag bis zur nächsten Woche ausprobiert. Es gibt dann keine weitere Diskussion über den Beschluss. Manchmal fällt es sogar der Lehrerin schwer, den gewählten Beschluss zu akzeptieren. Aber die Entscheidung liegt einzig und allein bei den Kindern. Der Beschluss sollte von den direkt Beteiligten und der ganzen Klasse getragen werden. Dazu frage ich die Beteiligten: *»Benny, bist du einverstanden, dass du dich bei Stefan entschuldigst und ihm in der Pause aus dem Weg gehst?«* Anschließend wird die Klasse gefragt, ob sie einverstanden ist. Jetzt dürfen die Schüler ihre Meinung ausnahmsweise ohne Wortmeldung reinrufen. Dabei gibt es meistens keine Widersprüche mehr, was sich ja schon an den Argumenten und Lösungsvorschlägen abgezeichnet hat.

Prinzipiell sollte man nicht abstimmen lassen, sondern in der Klasse einen Konsens finden. Erfahrungsgemäß klappt das sehr gut. Die Lösungen werden als Beschluss in das Klassenratsheft notiert und in der nächsten Stunde überprüft.

5 Steuerung des Klassenrats

Die Wirkung erkennen

Die Wirkung des Klassenrats beginnt mit der Offenlegung des Problems – sich also zu trauen, vor der Klasse auszusprechen, was einen stört. Ganz oft habe ich schon erlebt, dass die persönliche Betroffenheit einer Einzelnen bei anderen in der Klasse Empathie und ein Problembewusstsein auslöst.

Lea sagt, es störe sie, dass Nina oft laut verkündet, Lea würde ihre Sachen in einem speziellen Billigladen kaufen. In der Diskussion über das Problem setzen sich einige Kinder erstmals damit auseinander, wie sich jemand in so einer Situation fühlen kann.

Ähnliches ist bei Namenhänseleien zu beobachten. Viele Kinder stören sich sehr daran, dass sie nicht bei ihren richtigen Namen genannt werden. Egal, wie oft sie es den anderen sagen: Es ändert sich nicht.

Wird das Thema aber im Klassenrat besprochen, zeigt es meist eine sofortige Wirkung. Dann ist gar nicht immer eine große Diskussion nötig. Lukas sagt, er möchte nicht mehr »Lulu« genannt werden. Alle haben es gehört, und es gibt dabei auch nicht viel zu kommentieren. Es wird einfach als Beschluss ins Heft geschrieben, und das Thema ist erledigt. Oft melden sich auch andere Kinder und sagen, wie sie genannt werden und dass sie das auch nicht wollen. An dieser Stelle sollte man aber auf die Regeln des Klassenrats verweisen und sagen: *»Wenn dich etwas stört, dann trage dich bitte ins Heft ein, wir besprechen jetzt gerade das Problem von Lukas.«*

Ich finde es wichtig (Ausnahmen sind immer möglich), dass man an dieser Stelle etwas pedantisch ist. Die Kinder sollen lernen, sich für die Lösung ihrer Probleme einzusetzen, indem sie sich selbst ins Heft eintragen. Es ist natürlich einfacher, mal eben bei anderen mit aufzuspringen und zu sagen: *»Ich will das bei mir auch nicht.«* Dabei besteht allerdings die Gefahr des Verwässerns von Problemen. Kinder neigen, ebenso wie Erwachsene, dazu, mehrere Probleme anzusprechen, bevor das erste gelöst ist.

Ich hatte aber auch schon die Situation, dass ein Kind sich darüber beschwerte, von einem anderen immer mit falschem Namen angeredet zu werden. Darauf meldeten sich mehrere Kinder, dass derjenige es bei ihnen genauso machen würde. In diesem Fall entschied ich mich spontan, das Thema auf die ganze Klasse zu erweitern, und wir fassten den Beschluss, dass niemand mehr mit falschem Namen angesprochen werden soll.

Auf Kommentare reagieren

Beleidigende Äußerungen, Abwertungen oder das Lächerlichmachen von anderen sind natürlich nicht erlaubt. Bei Kommentaren solcher Art schreite ich sofort ein und weise darauf hin, dass wir so nicht miteinander sprechen. Es gibt Fälle, bei denen man merkt, dass sich jemand mit seinem Kommentar wohl in den Mittelpunkt stellen oder doch ganz gern der anderen Person »eine reinwürgen« wollte. Solche Äußerungen gehören nicht in den Klassenrat. In so einem Fall frage ich nach, ob der Beitrag nun zur Lösung des Problems beigetragen hat – und das meine ich keineswegs als rhetorische Frage.

Die Kinder sollen lernen, lösungsorientiert zu argumentieren und das Problem nicht mit persönlichen Botschaften nur »breitzutreten«. Durch meine Frage sollen sie über ihren Beitrag und dessen Wirkung nachdenken.

Besonders wenn das Problem vorgestellt wird, reagieren viele mit spontanen Kommentaren. Das passiert auch während der Diskussion immer wieder. Man sollte dies aber vermeiden, zumal es auch andere verunsichern kann. Es ist wünschenswert, dass die Kinder lernen, sich – trotz aller Empörung oder Betroffenheit – einfach zu melden und ihre Sicht der Dinge zu formulieren, wenn sie aufgerufen werden. Dies ist für Erwachsene auch nicht einfach. Ich habe aber Folgendes beobachtet: Wenn man immer wieder drauf hinweist, dass diese spontanen Kommentare nicht in den Klassenrat gehören, lernen die Kinder doch eine andere Form der Diskussion und damit auch der Streitkultur. Sie sollen durch den Klassenrat erfahren, dass es viele verschiedene Sichtweisen und Meinungen gibt. Diese kann man akzeptieren oder in angemessener Form kritisieren. Im Klassenrat wird die Meinungsvielfalt gefördert, und Minderheiten werden nicht überstimmt.

Auch für die Klassenleitung ist es nicht immer leicht, sich mit Kommentaren zurückzuhalten. Man wundert sich zuweilen über so manchen Schülerbeitrag. Dies ist aber durchaus eine Chance, die Kinder mal von einer anderen Seite kennenzulernen. Halten Sie sich daher zurück mit Kommentaren wie »*Na, Luca, dass gerade von dir dieser Lösungsvorschlag kommt, wundert mich aber …*«.

Meinungen stehen lassen

In vielen Klassen herrscht eine ausgeprägte »Kommentarkultur«. Jede Äußerung der anderen Kinder – und häufig auch der Lehrkraft – wird sofort kommentiert. Darauf muss man genauso konsequent reagieren wie auf Abwertungen. Andernfalls trauen sich viele Kinder aus Angst vor den »blöden Kommentaren« nicht mehr, ihre Meinung zu sagen. Wie gut eine Klassengemeinschaft – und ein Klassenrat – ist, lässt sich daran ablesen, inwieweit sich jeder in der Klasse traut, seine eigene Meinung zu sagen. Dieser Mut zur eigenen Meinung kann und sollte ausdrücklich gefördert werden.

Der Klassenrat soll die Kinder stark machen, ihre eigene Meinung zu entwickeln und sie anderen mitzuteilen. Die Lehrkraft muss dafür sorgen, dass sich in der Klasse eine entsprechende Kultur entwickeln und stabilisieren kann. Dafür ist es wichtig, dass Meinungsäußerungen geschützt werden. Die Klasse lernt, dass Meinungen nicht bewertet, sondern diskutiert und gegebenenfalls mit Gegenargumenten konfrontiert werden. Dahinter steckt immer das Respektieren der anderen Meinung – kein einfacher, aber ein sehr lohnender Prozess.

Für Kinder ist es (ebenso wie für Erwachsene) äußerst schwierig, sich zu beherrschen und zu einem Beitrag nicht gleich einen eigenen Kommentar abzugeben. Das eine Kind stellt eine Situation dar, und ein anderes Kind hat sie ganz anders in Erinnerung. So kommt meist gleich danach – oder noch, während das erste Kind spricht – die Bemerkung: *»Nein, das war nicht so, das war ganz anders …«*

Ähnlich ist es auch oft bei Vorschlägen, wenn es z. B. um ein gemeinsames Ausflugsziel geht. Einer sagt, er will ins Schwimmbad, eine andere will lieber zum Minigolf. Darauf gibt es meist ganz viele spontane Ausrufe: *»Nein,* nicht *ins Schwimmbad«, »Minigolf ist doof, da war ich erst letzte Woche«* usw. Das sind ganz natürliche Reaktionen, die man aber vermeiden sollte. Im Klassenrat lernen die Kinder, sich mit spontanen Meinungsäußerungen zurückzuhalten. Sie lernen, den anderen wirklich zuzuhören, was diese gerne möchten; oder sich zu melden und auf die anderen Vorschläge angemessen und damit wertschätzend zu reagieren. *»Ich möchte mit der Klasse lieber ins Schwimmbad als zum Minigolf, weil es da fast immer so voll ist und man ewig warten muss.«* Das ist manchmal ein längerer Weg, aber für das Gelingen des Klassenrats ein wichtiges Ziel.

Man muss die Schüler immer wieder darauf hinweisen und sie korrigieren: »*Du kannst sagen: Ich möchte lieber das, weil … oder ich bin der Meinung, dass …*« Sehr oft konnte ich beobachten, dass die Kinder dies im Laufe der Zeit lernen und dann wirklich sehr sachlich diskutieren können.

Ich betone immer wieder, dass das Gesagte eine von vielen Meinungen ist. Wer ganz anderer Meinung ist, sollte es sagen und begründen. Manchmal lässt man sich auch von einem Kommentar überzeugen und ändert die eigene Sichtweise. Um diesen Prozess zu unterstützen, sage ich manchmal: »*Ja, das ist deine Meinung – und jetzt die Nächste, bitte.*« Es ist für die Kinder oft – gerade in der Schule – ungewohnt, wenn auf ihren Beitrag keine Antwort der Lehrerin folgt. Die anderen sollen aber zuhören und die Beiträge auf sich wirken lassen, um bestenfalls dann ihre eigene Meinung dazu zu äußern.

Wenn der Klassenrat gut klappt, können ihn auch kleine Gruppen mal selbstständig führen. Oftmals interessiert das Thema gar nicht die ganze Klasse, sondern nur die Mädchen oder die Jungs oder andere Teilgruppen. Anfangs sollte man aber die Klasse noch nicht teilen. Auch wenn die Mädchen ein Problem miteinander haben, können die Jungs manchmal gute Tipps geben, wie sie ihrerseits ähnliche Konflikte erfolgreich untereinander klären.

Wichtig ist hierbei, die Formulierungen etwas zu steuern. Die Kinder dürfen sagen, dass sie etwas nicht gut *finden*, was ein anderer gesagt hat, oder auch mal, dass sie es doof *finden*. Aber nicht: »Es *ist* doof« oder »Es *ist* nicht gut«. Diese Unterschiede in den Formulierungen sind sehr wichtig.

Laufen lassen oder eingreifen?

Grundsätzlich sollte der Klassenrat von der Klasse selbstständig geführt werden. Die Kinder bestimmen die Themen und gestalten den Verlauf. Der Tod eines jeden Klassenrats sind Langeweile und Unruhe. Damit es gar nicht erst dazu kommt, greife ich doch immer wieder mal ein. Bei den Argumenten oder auch den Lösungsvorschlägen kommt es gelegentlich zu Wiederholungen. Das sollte vermieden werden, daher weise ich in entsprechenden

Situationen darauf hin und sage »*Danke, das hatten wir schon gehört*« oder »*Den Vorschlag haben wir schon notiert*«. Nach einer Weile merken auch andere Kinder an, dass dies schon mal gesagt wurde.

Manchmal wird eine Streitszene, an der mehrere Kinder beteiligt waren, x-mal geschildert – immer wieder mit minimalen Abänderungen. »*Der Carlo stand links und dann kam die Nina von rechts …*«, die Nächste sagt: »*Nein, bevor die Nina von rechts kam, hat der Max noch zum Lukas gesagt …*«

Wenn durch mehrere Schilderungen der Kern der Geschichte klar geworden ist, kleine Abweichungen aber noch nicht geklärt sind, greife ich gern mal ein. Dann sage ich: »*Ich denke, uns ist die Situation klar geworden, wir wissen, worum es geht.*« Gerne fasse ich sie dann noch mal kurz zusammen und lenke anschließend in die nächste Phase: den Austausch der Argumente oder die Lösungsphase. Damit bremse ich zwar einige Kinder etwas aus, aber der Ablauf kann weitergehen. Man muss auch immer wieder darauf hinweisen, dass der Klassenrat lösungsorientiert ist und nicht problemorientiert. Wir machen den Klassenrat, weil wir nach Lösungen für Konflikte suchen, und wollen nicht eine Diskussions- oder Erzählrunde abhalten. Das kann man auch tun – aber nicht beim Klassenrat!

Das Eingreifen birgt aber auch eine gewisse Gefahr, denn als Lehrer soll man nicht inhaltlich lenken. Es sollte immer dem Verlauf und dem Ziel des Klassenrats dienen und nicht dem persönlichen Interesse der Lehrkraft. Aber das ist leichter gesagt als getan ...

Den anderen direkt ansprechen – »Du«

Fast immer fällt es Kindern im Klassenrat schwer, die Person, um die es geht, direkt anzusprechen. Marcel hat sich über Jana geärgert, weil sie immer ungefragt seine Stifte benutzt. Er schildert seinen Frust und sagt: *»Sie nimmt meine Stifte, ohne mich zu fragen. Ich will, dass sie mich vorher fragt.«* Obwohl Jana ihm im Kreis fast gegenüber sitzt, spricht er von ihr in der dritten Person und schaut dabei mich an. Das ist ein extrem häufiges und hartnäckiges Phänomen. Ich unterbreche die Kinder dann bei ihren Beiträgen und sage: *»Jana ist da, sprich sie bitte direkt an.«*

Damit ich die Schüler nicht zu oft unterbrechen muss, habe ich eine weitere DIN-A4-Folie angefertigt, auf der steht »Du«. Die halte ich bei Bedarf hoch. Manchmal zeige ich auch mit dem Finger eine imaginäre Linie zwischen dem Kind, das redet, und dem Kind, das gemeint ist. Das verstehen sie meist ganz schnell und es unterbricht sie nicht. Dennoch ist das für viele sehr schwierig und erfordert einige Übung. Es schafft eine unangenehme Atmosphäre, wenn das arme Kind ständig unterbrochen wird und die halbe Klasse es dann genervt an das »Du« erinnert. So wird es immer schwieriger für die Rednerin, sich auf ihr Anliegen zu konzentrieren. Im Klassenrat soll sich ja niemand unwohl fühlen – aber diese Phase muss leider durchgestanden werden. Danach haben es aber in der Regel alle verstanden.

Mir ist vor allem die Wirkung ganz wichtig. Es ist für die betroffene Person ein großer Unterschied, ob man über sie spricht oder ob man sie direkt anspricht: *»Ich möchte, dass du meine Stifte nicht mehr nimmst, ohne mich zu fragen.«* Das kommt direkter an, als ein »*Sie soll meine Stifte nicht mehr nehmen*«. Zum anderen fördert die direkte Anrede auch die schon erwähnte Streitkultur. Man sollte lernen, die Konflikte direkt mit der beteiligten Person zu klären.

Einhaltung der Struktur

Wie anfangs schon erwähnt ist die Einhaltung der Struktur für das Gelingen eines Klassenrats sehr wichtig. Kinder wie Erwachsene neigen dazu, Probleme sehr ausführlich zu beschreiben und sie »breitzutreten«. Der Klassenrat ist lösungsorientiert und nicht problemorientiert. Die Struktur des Klassenrats sollte eingehalten werden. Das heißt: Nach der Lob- und Dankrunde wird der Beschluss der letzten Woche überprüft. Danach wird vorgelesen, wer sich eingetragen hat, und geklärt, ob das Thema noch aktuell ist. Dann soll das Kind anhand der drei Leitfragen sein Problem vortragen. Gegebenenfalls lässt man erst das bzw. die betroffenen Kinder zu Wort kommen, anschließend kann sich die restliche Klasse zu dem Anliegen äußern.

Wenn das Problem oder der Sachverhalt deutlich geworden ist – oder spätestens, wenn die Beiträge sich inhaltlich zu wiederholen beginnen –, wird die Lösungsphase eingeläutet. Ich sage dann meist: *»Das Problem ist nun allen klar, ab jetzt bitte nur noch Lösungsvorschläge.«* Das fällt vielen Kindern schwer, da sie doch noch was zum Thema sagen wollen. Da wir aber Lösungen suchen, brauchen wir keine weiteren Beiträge. Das ist oft sehr schwer zu verstehen bzw. einzuhalten. Ich bremse die Kinder dann aber förmlich aus. Ich frage: »Ist das jetzt ein Lösungsvorschlag, was du sagen willst?« Oder wenn es trotz allem nur ein weiterer Beitrag war, frage ich: *»Und was ist jetzt dein Lösungsvorschlag?«* Es braucht seine Zeit, bis die Klasse dieses Prozedere verinnerlicht hat. Mit der Zeit reagieren aber auch die Kinder und sagen leicht genervt zu dem Beitragenden: *»Nur noch Lösungen!«*

Nicht selten kommt es vor, dass Kinder sogar nach der Beschlussfindung noch etwas zu dem Thema sagen wollen. Auch das wird ausgebremst. Wenn man sich auf einen Beschluss bzw. eine Lösung geeinigt hat, gibt es keine weitere Diskussion zu diesem Thema.

In der Lösungsphase werden also die Vorschläge gesammelt und von der Schriftführerin notiert. Wiederholungen werden nicht aufgeschrieben und sollten vermieden werden. Es wird auch nicht notiert, wer den Lösungsvorschlag eingebracht hat. Darauf muss man anfangs öfter hinweisen. Wenn einige Vorschläge genannt wurden oder sich eben nur noch wiederholen, wird diese Phase beendet. Dann sage ich, dass wir nun viele Vorschläge haben und die Person, die das Problem eingebracht hat, sich einen oder mehrere Vorschläge aussuchen kann. Dazu liest die Schriftführerin der Klasse noch mal alle notierten Lösungsvorschläge vor.

Der, der das Problem eingebracht hat, sucht sich einen oder mehrere aus, die dann ins Klassenratsbuch übertragen werden. Der Zettel mit den restlichen Vorschlägen kommt weg. Zuvor werden noch die direkt Beteiligten befragt, ob sie den Vorschlägen auch zustimmen. Jetzt wird die Klasse gefragt, ob sie damit einverstanden ist bzw. damit leben kann, dass die ausgewählten Vorschläge ausprobiert werden. Diese Rückmeldungen laufen über Zuruf. In der Diskussion ist meist schon klar geworden, in welche Richtung die Lösungen gehen, daher erlebe ich es nur sehr selten, dass der Beschluss von der Klasse nicht getragen wird. Am Ende braucht man meist noch etwas Geduld, bis die Lösungen ins Heft geschrieben sind. Man kann die Klasse auffordern, bei der Formulierung zu helfen. Jetzt kommt entweder das nächste Thema dran oder der Klassenrat ist beendet.

6 Stolpersteine beseitigen

»Zeitfresserchen«

Im Text sind einige *Zeitfresserchen* erwähnt – es sind meist kleine Fallen, die unnötig Zeit kosten. Eigentlich ist es nicht so schlimm, wenn eine Phase eben etwas länger dauert. Allerdings können diese Zeitfresserchen schnell zu Unruhe oder Verdruss führen, was sich negativ auf den Verlauf des Klassenrats auswirkt. Wenn Langeweile aufkommt oder der Klassenrat aus anderen Gründen ins Stocken gerät und einige Kinder abschalten, ist sein Gelingen schnell gefährdet. Wenn er dagegen *interessant* ist und *zügig* verläuft, machen mehr Kinder aktiv mit – was zum Erfolg beiträgt.

Alle Ämter verteilt – aber kein Thema

Vor der Klassenratsstunde sollte man ins Heft schauen, ob sich überhaupt jemand eingetragen hat. In den ersten Wochen ist es noch zulässig, sich auch spontan zu melden, wenn man etwas besprechen will. Nach fünf bis sechs Wochen gilt aber die Regelung: Wenn nichts drin steht, findet der Klassenrat nicht statt.

Es kommt aber immer wieder vor, dass sich mehrere Kinder eingetragen haben und es trotzdem kein Thema gibt. Entweder ist die Person krank oder es haben sich mehrere untereinander für dasselbe Thema eingetragen, welches sich aber schon vorher geklärt hatte. Dann sind alle Ämter verteilt, die Lob- und Dankrunde ist durchlaufen und alle sind in Erwartungshaltung – und somit wenig motiviert, sich aus dem Sitzkreis heraus wieder dem Matheunterricht zuzuwenden.

Da solche Situationen immer mal vorkommen können, sollte man darauf *vorbereitet sein.* Entweder lässt man es zu, dass doch spontan Probleme besprochen werden können, oder man hat ein *eigenes Thema* parat. Dieses sollte aber wirklich für einen Klassenrat geeignet sein. Nutzen Sie also nicht die Zeit dazu, der Klasse zu sagen, dass die Ordnung im Klassenzimmer immer noch beschämend ist o. Ä. Man sollte sich als Lehrerin grundsätzlich immer an das Schema des Klassenrats halten – am besten mit den drei Leitfragen: Was ist das Problem, wie geht es mir damit und was möchte ich?

Wählen Sie z. B. Themen, die Ihnen schon länger im Kopf rumgehen, oder die ganz prinzipiell von Bedeutung sind. Ich nehme dabei gerne das Thema Petzen. Was ist der Unterschied zwischen Petzen und Hilfeholen? Wie ist es einzuordnen, wenn die Fünftklässler den Lehrern sagen, dass die Zehner beim Fahrradständer rauchen? Dabei sollte man natürlich auch seine eigene Haltung reflektieren. Außerdem kann es sinnvoll sein, *bei den Fachlehrern rechtzeitig nachzufragen*, ob es dort Themen gibt.

Wenn jemand lügt

Von Lehrerseite kommt oft im Vorfeld die Befürchtung, dass die Kinder im Klassenrat lügen könnten. Ich versuche zu verhindern, dass sich die Frage nach der Wahrheit überhaupt erst so zuspitzt. Wie schon erwähnt darf im Klassenrat nicht die Stimmung einer Gerichtsverhandlung aufkommen. Wer ein Problem einbringen möchte, schildert es aus seiner Sicht. Der Betroffene und die restliche Klasse können dazu die *persönliche Sichtweise* äußern. Es ist nicht ungewöhnlich, dass dieselbe Situation von den Beteiligten unterschiedlich erlebt und erinnert wird. Jetzt geht es nicht darum rauszubekommen, wer recht hat. Es geht vielmehr darum, dass die Beteiligten schildern, wie es für sie war, und dies den anderen vermitteln. Wir suchen dann gemeinsam nach Lösungen, ohne geklärt zu haben, wie die »wahre« Situation war. So kann auch niemand der »Lüge überführt« werden. Natürlich habe ich es auch schon erlebt, dass ein Kind sagte: *»Der Dennis hat mich beleidigt«*, und Dennis das vehement abgestritten hat. Manchmal ist es so, dass andere Kinder dann sagen, sie hätten es auch gehört, und dass es Dennis nach einer Weile wieder einfällt, wie er da doch mal was Unfreundliches gesagt hat. Das wird aber nicht kommentiert (nach dem Motto: *»Na, warum nicht gleich etwas ehrlicher?«*).

Ich habe aber auch schon erlebt, dass sich jemand von mehreren beleidigt fühlte, die es alle unisono abgestritten haben. Die Klasse fasste den Beschluss, dass sich die Beteiligten aus dem Weg gehen sollten und niemand in der Klasse eine andere Person beleidigen sollte. Da das Problem angesprochen und diskutiert wurde, stellte sich die Lösung »von selbst« ein. Wie weiter unten im Abschnitt »Wenn man keinen Beschluss findet« dargelegt wird, ist das Wichtigste die *Offenlegung* und der Austausch über das Problem. Dabei ist es nicht relevant, ob sich jeder traut, zur vollen Wahrheit zu stehen.

Wenn ein Kollege kritisiert wird

Es kommt immer mal vor, dass Kinder im Klassenrat äußern, sie seien mit einer anderen Lehrkraft unzufrieden – sie sei zu streng, nicht gerecht oder würde so oft herumschreien. Die Klasse hat natürlich das Recht, ihre Kritik zu äußern. Aber auch hier steht in erster Linie die Suche nach der Lösung des Problems im Zentrum. Ich handhabe es so, dass die Kinder kurz sammeln dürfen, womit sie unzufrieden sind. Dann frage ich alle, was der beste Weg sei, damit die betroffene Person sie *versteht* und ihr Verhalten ändern oder es erklären kann. Dazu kommen meist viele Vorschläge, wie sie es angehen wollen – zum Beispiel: Die beiden Klassensprecher sollen im Namen der Klasse mit ihr reden. Oder sie wollen ein offenes Klassengespräch mit ihr führen. Vielleicht bitten sie auch die Klassenlehrerin, *mit der Kollegin oder dem Kollegen* zu *reden.* Meist kommen viele interessante Vorschläge, von denen einer ausprobiert werden kann. Ich habe aber auch schon erlebt, dass die Klasse beschlossen hat, dass sie sich alle besser verhalten wollen, damit die Lehrerin nicht mehr so viel meckern muss, was ja schließlich alle stört.

Manchmal kommt der Vorschlag, die betreffende Person in den Klassenrat einzuladen. Damit habe ich keine besonders guten Erfahrungen gemacht. Eine Lehrerin als Gast in den Klassenrat einzuladen und sie dann zu kritisieren, ist eine andere Situation, als sie in ihrem eigenen Unterricht auf das Thema anzusprechen. Von einer solchen Einladung in den Klassenrat würde ich der Klasse abraten. Alle anderen Vorschläge sollen sie dagegen ruhig ausprobieren.

Wenn es um klassenfremde Kinder geht

Manchmal werden Konflikte vorgetragen, an denen Kinder aus anderen Klassen beteiligt sind. Wenn diese Kinder den Klassenrat kennen, können sie zur nächsten Stunde *eingeladen* werden. Sie sollten aber nicht spontan und unvorbereitet aus einer anderen Klasse dazugeholt werden. Wenn sie den Klassenrat nicht kennen, würde ich sie auch nicht einladen, da sie sich sonst sicher wie Angeklagte vorkommen würden. Das sollte dann doch lieber im kleinen Kreis geklärt werden.

Außerdem sollte man im Klassenrat nicht über Abwesende sprechen. Man kann aber gemeinsam überlegen, wie man die Person am besten erreichen kann – ob man z. B. den Konflikt über den Klassenlehrer des Kindes klärt oder sich gar traut, in die Klasse des anderen Kindes zu gehen und dort zu berichten, was einen stört.

Wenn man keinen Beschluss findet

Manche Themen werden diskutiert, ohne dass sich eine gemeinsame Richtung entwickelt. Man merkt schon während des Verlaufs: Hier wird es schwer, eine Lösung zu finden. Auch wenn es grundsätzlich das erklärte Ziel ist, einen überprüfbaren Beschluss zu finden, ist es kein Drama, wenn es nicht dazu kommt. Besonders, wenn es um Verhaltensänderungen einiger Kinder geht, hat die *Aussprache* über das Thema schon an sich eine *Wirkung*. Ich sage der Klasse dann, dass das kein Drama sei und dass es in der Familie oder in der Politik ja auch oft vorkomme, dass man mal keine gemeinsame Lösung findet oder zumindest noch nicht zum jetzigen Zeitpunkt. Der Klassenrat ist ja kein Zaubermittel, der für alles eine Lösung findet – das wäre unrealistisch.

Wenn Beschlüsse nicht umgesetzt werden konnten

Eher selten kommt es vor, dass Beschlüsse nicht geklappt haben. Manchmal wird die Umsetzung einfach vergessen. Wenn es für beide Seiten in Ordnung ist, kann man sich darauf einigen, dass es sich wohl schon von alleine erledigt hat. In Einzelfällen ist es aber auch so, dass sich die eine Seite einfach nicht an den Beschluss gehalten hat. Ich nehme das Thema dann nicht noch einmal in den Klassenrat auf, sondern bespreche mit den Beteiligten *in kleiner Runde*, woran es gelegen hat. Das ist effektiver, als die Angelegenheit noch mal mit der dann eher gelangweilten Klasse durchzusprechen und über die wilden Spekulationen zu diskutieren, warum es nicht geklappt hat. In kleiner Runde finden wir meist eine für alle machbare Lösung, an die die Kinder sich dann auch halten.

Wenn Beschlüsse allerdings regelmäßig nicht eingehalten werden, ist das schon ein großes Problem. In solchen Fällen sollte man noch einmal überprüfen, ob die Klasse überhaupt schon die *Voraussetzungen* für den Klassenrat erfüllt, und ggf. daran arbeiten. Ein Klassenrat, bei dem dauerhaft die Beschlüsse nicht umgesetzt werden, ist sinnlos.

Jede Woche das gleiche Thema

In einigen Klassen gibt es immer wiederkehrende Themen. Manchmal liegt es an bestimmten Kindern, deren Verhalten den anderen immer wieder Anlass zur Kritik gibt, und manchmal sind es typische Situationen, die oft zu Konflikten führen, wie das Fußballspielen in der Pause. Der Klassenrat sollte stets lösungs- und nicht problemorientiert sein. Natürlich sollen die Kinder ihren Problemen Luft machen und auch ihren Frust über den Streit beim Fußballspielen loswerden können. Der Klassenrat hat aber primär die Aufgabe, Lösungen für Konflikte zu suchen und zu finden.

Wenn ein Kind nicht aufhören kann, andere zu ärgern, und somit permanent im Fokus des Klassenrats steht, ist der Klassenrat nicht das richtige Mittel zur Problemlösung. Es zeigt auch, dass die Kinder der Klasse nicht dafür verantwortlich sind. In einem solchen Fall stecken wahrscheinlich größere familiäre oder psychische Probleme hinter dem unsozialen Verhalten des Kindes.

Genauso gibt es auch andere immer wiederkehrende Probleme, die zumindest zum aktuellen Zeitpunkt nicht lösbar sind. Bei sich wiederholenden Problemen besteht die Gefahr, dass viele innerlich abschalten und nicht mehr bei der Sache sind. *»Ach, schon wieder der Enrico …«* Oder es entsteht sogar der fälschliche Eindruck, dass der Klassenrat ganz allgemein nicht für die Lösung von Problemen taugt, nur weil diese ungelöste Angelegenheit so im Gedächtnis haften bleibt. Das wäre schade. Daher erkläre ich den Kindern immer wieder die Regel, dass häufiger wiederkehrende Themen *anders gelöst* werden müssen. Wenn das Thema dann dennoch zum dritten Mal vorgebracht wird, sage ich ganz klar: *»Das besprechen wir nicht, das war schon zweimal Thema. Wir können es scheinbar im Klassenrat nicht lösen, daher brauchen wir es auch nicht noch mal zu behandeln. Ich werde mir Gedanken dazu machen und es mit der Beratungslehrerin besprechen.«*

Damit die Kinder nicht allzu enttäuscht sind, sage ich manchmal auch rechtzeitig: *»Denkt bitte daran: Wir haben jetzt schon zweimal darüber gesprochen, dass der Pausenverleih nicht genug Bälle hat. Das ist anscheinend erst mal nicht zu ändern, daher wird es hier auch nicht mehr Thema sein.«*

Abbrechen wegen Unruhe

Natürlich klappt es im Klassenrat – genau wie auch in anderen Schulstunden – nicht immer so gut mit der Disziplin. Für die erfolgreiche Durchführung müssen alle in der Lage sein, sich an Regeln halten zu können. Daher ist es wichtig, *schnell* zu *reagieren*, wenn Unruhe aufkommt. Zum einen soll der Klingelmeister schnell reagieren und vor allem den Namen des störenden Kindes deutlich sagen – aber auch das klappt leider nicht immer. Ich stelle bei unruhigen Klassen einen Stuhl außerhalb des Kreises oder habe im Kreis einen freien Stuhl. Ein angeordneter *Platzwechsel* kann schon mal für etwas mehr Ruhe sorgen. Wichtig ist, dass man schnell reagiert und notfalls Einzelne aus dem Klassenrat entlässt: in den »Arizona-Raum« – wenn vorhanden – oder auch mal mit einem Arbeitsblatt an einen Ort außerhalb des Klassenzimmers.

Wenn man zu spät reagiert und die Unruhe sich ausgebreitet hat, ist es meist schwer, wieder für Ruhe zu sorgen. Man sollte auch überprüfen, ob die Klasse überhaupt schon über die notwendigen Voraussetzungen für den Klassenrat verfügt. Wenn es viele Kinder in der Klasse gibt, die grundsätzlich sehr unruhig sind und sich nicht so lange konzentrieren können, kann es sinnvoll sein, den Klassenrat grundsätzlich *auf eine halbe Stunde* zu *reduzieren* – damit er überhaupt stattfinden kann, auch wenn man in der Zeit meist nur ein Thema bearbeiten kann. Man sollte mit den Schülern besprechen, dass nur wenig Zeit zur Verfügung steht und sie daher schnell zu den Lösungsvorschlägen kommen sollten. Wenn es mit der Zeit dann besser klappt, kann man ja wieder mehr Zeit veranschlagen.

Eine *Änderung der selbst gewählten Sitzordnung* im Kreis kann auch schon Abhilfe schaffen. Ich habe es aber auch schon erlebt, dass der Klassenrat extrem laut und unruhig war, weil das Thema so emotional war. Viele Kinder haben so laut und durcheinander gesprochen, dass es für mich kaum aushaltbar war. Mir fiel aber auf, dass sie absolut beim Thema blieben und aufeinander Bezug nahmen. Sie kamen voran und fanden auch zu einer Lösung. Ist man in der Lage, so einen Geräuschpegel auszuhalten, kann sogar eine scheinbar undisziplinierte Klassenratsstunde ihren Zweck erfüllen. Das sollte aber kein Dauerzustand sein.

Wenn jemand weint

Es kommt immer mal wieder vor, dass ein Kind im Klassenrat anfängt zu weinen. Das kann unterschiedliche Ursachen haben. Oft wird es schnell von einem anderen Kind getröstet. Ich *warte* meist *einen Moment ab* und beobachte das Kind und seine Körpersprache. Ich frage dann, ob wir mit dem Thema weitermachen können oder lieber abbrechen sollen, wenn es zu belastend ist. Außerdem frage ich noch, ob das Kind im Kreis bleiben oder lieber einen Moment vor die Tür gehen will. Die meisten Kinder möchten, dass wir das Thema fortsetzen und sie dabeibleiben. Wenn einer rausgehen möchte, schicke ich ein anderes Kind mit. Wir können im Klassenrat im Anschluss weiter über die Situation reden, aber nicht über das abwesende Kind. Wenn ich den Eindruck habe, dass ich das Kind schützen muss, reagiere ich entsprechend und entscheide je nach Situation, wie wir weitermachen. Grundsätzlich finde ich es positiv, wenn Kinder ihre Emotionen zeigen – und den anderen ist es zuzumuten, dass sie das aushalten.

Wenn die Lehrerin ein Thema einbringt

Im Klassenrat können natürlich auch die Lehrkräfte ein Thema einbringen – egal, ob sie Klassenlehrer sind oder ein Nebenfach unterrichten. Sie sind dann genauso *an die Regeln gebunden* wie alle anderen. Sie schreiben sich mit Namen und Datum in das Heft ein und halten sich ebenfalls an die Drei-Fragen-Folie.

Nutzen Sie den Klassenrat nicht dazu, der Klasse eine Standpauke zu halten. Man kann aber seine Verwunderung über die hohe Krankheitsrate beim Sportunterricht thematisieren. Der Ablauf ist genau der gleiche wie bei Schülerthemen.

Wenn es zu viele Themen gibt

Manchmal haben sich ganz viele Kinder ins Heft eingetragen, weil sie etwas besprechen wollen. Pro Sitzung können aber realistischerweise meist nur maximal drei Themen bearbeitet werden. Man sollte sich dadurch *nicht nervös machen lassen.* Manchmal haben sich mehrere Kinder zum gleichen Thema eingetragen. Dann wird die Liste plötzlich viel kürzer. Manche Themen lösen sich auch mit der Zeit von selbst auf. Nach den Ferien ist oft zu beobachten, dass die Kinder gar nicht mehr wissen, warum sie sich eingetragen hatten. Wenn es aber doch mal mehrere wichtige Probleme zu klären gibt, könnte man in einer Woche noch einen *zweiten Klassenrat* anbieten. Das sollte aber die Ausnahme sein. Ansonsten werden die Probleme der Reihenfolge nach »bearbeitet« – auch wenn es mal etwas länger dauert, bis jedes Thema zur Sprache gekommen ist.

Wenn sich die Klasse nicht für das eingebrachte Thema interessiert

Es gibt Themen, die nur eine kleine Gruppe in der Klasse interessiert. Manchmal bringen Kinder z. B. einen Streit zwischen zwei Freundinnen ein. Das passt nicht unbedingt in den Klassenrat, weil es die restliche Klasse verständlicherweise gar nicht interessiert. Ich habe es bei einem Streit unter zwei Freundinnen allerdings schon erlebt, dass sich die restliche Klasse empathisch an der Suche nach einer Lösung beteiligte. Toll, wenn eine Klasse das kann! Man merkt sehr schnell, ob es um ein Klassenthema geht oder ob sich die meisten eher gelangweilt zurücklehnen. Es kommt dann auch mal der Kommentar: »*Das ist doch nichts für den Klassenrat.*« Wenn sich die Stimmung in diese Richtung entwickelt, sollten Sie anbieten, dass der Konflikt eher *in kleinerer Runde* gelöst wird. Der Lehrer kann sich als Vermittler zu Verfügung stellen oder man fragt nach anderen Kindern, die gern die Rolle übernehmen möchten, und die Beteiligten suchen sich dann einen zeitnahen Klärungstermin.

Sehr selten wird das eingebrachte Thema abgelehnt. Eine Schülerin wollte z. B. gerne den Stundenplan für alle sichtbar in der Klasse aufhängen. Fast alle Kommentare der Kinder waren dagegen, weil sie meinten, alle hätten den Stundenplan in ihrem Mäppchen stehen oder wüssten ihn nach ein paar Wochen ohnehin auswendig. Man sollte der Antragstellerin einen solchen Vorschlag eigentlich nicht abschlagen, aber es gab in der Klasse anscheinend überhaupt keine Zustimmung. Ich schaltete mich ein und sagte: »*Du hast die Klasse gehört, sie wollen es eigentlich nicht, also entscheide du, ob du deinen eigenen Vorschlag als Lösung einbringen möchtest.*« Sie wollte es sich noch mal überlegen. Wichtig finde ich, dass solche Vorschläge *mit Argumenten besprochen* werden und man nicht einfach darüber abstimmt – denn dabei können sich eventuell auch versteckte Antipathien bemerkbar machen.

Direkte Antworten – ohne Einhalten der Rednerliste

Es kommt vor, dass Kinder im Klassenrat direkt etwas dazwischenfragen. Beispielsweise wollen sie wissen, warum jemand etwas Bestimmtes gemacht hat. Wenn nach der Rednerliste aber erst ein anderes Kind dran ist, steht die Frage etwas leer im Raum. In so einem Fall greife ich auch gern mal ein und *frage noch mal nach*, ob die Fragende wirklich eine Antwort möchte oder ob es mehr rhetorisch gemeint war. Wenn sie eine Antwort möchte, bitte ich die Schreiber der Rednerliste, das befragte Kind auf die Liste zu setzen oder zu *entscheiden*, ob es gleich antworten soll. Manchmal schaffen es die Kinder erfreulicherweise auch, sich auf den vorvorherigen Beitrag zu beziehen und diesen zu beantworten. Manchmal entsteht allerdings ein regelrechter Schlagabtausch, wenn es beispielsweise sehr emotional wird. Das sollte unterbunden werden – solche Dialoge gehören nicht in den Klassenrat.

Wenn die Lehrerin eine Lösung hat

Als Lehrkraft kann man sich im Klassenrat auch inhaltlich beteiligen. Wenn man ein Argument loswerden möchte, eine Frage hat oder einen Lösungsvorschlag einbringen möchte, lässt man sich durch Melden *auf die Rednerliste setzen.* Ich erkläre eingangs immer, dass die Lehrerin zwei Rollen hat. Zum einen ist sie für den Ablauf des Klassenrats verantwortlich und steuert ihn. Sie kann sich aber genauso gut *inhaltlich beteiligen.* Es wirkt anfangs etwas befremdlich, wenn sich die Lehrerin meldet und von einem Schüler aufgerufen wird. Oft ist es auch so: Sobald sich die Lehrerin meldet, wird sie drangenommen – ungeachtet der Reihenfolge der Rednerliste. Daher sollte man ggf. kurz darauf hinweisen, dass die Rednerliste für alle gilt. Der Klassenrat sollte zunehmend ohne das Eingreifen einer Lehrkraft ablaufen. Der Lehrer sollte sich besonders am Anfang mit eigenen Vorschlägen und inhaltlichen Kommentaren eher zurückhalten. Nur wenn der Prozess mal ins Stocken gerät oder sich im Kreis dreht, kann ein *Vorschlag von Lehrerseite* hilfreich sein.

Wenn die Klasse schweigt

Es gibt Klassen, in denen der Klassenrat nicht so recht in Schwung kommt: Es werden keine Themen eingebracht oder keiner hat etwas zu sagen. Das ist sehr mühsam. Ich habe auch schon Klassen erlebt, die grundsätzlich sehr ruhig und wenig mitteilungsbedürftig waren. Schon beim Durchspielen des Probethemas zeigt sich die Austauschfreudigkeit einer Klasse.

Ich gehe davon aus, dass es in allen Klassen ungeklärte Konflikte oder Themen gibt. Wir haben verschiedene Möglichkeiten, damit umzugehen. Wichtig wäre zu *klären*, ob viele Kinder sich vielleicht nicht trauen, im Klassenrat ihren Mund aufzumachen, weil sie vor anderen Angst haben. Dazu könnte man die *Klassensprecher im Einzelgespräch befragen*, ob sie diesen Eindruck haben. Man kann eine solche Vermutung auch in der Klasse besprechen. Die Kinder könnten sich dann beispielsweise nach dem Unterricht beim Lehrer melden und ihre Gründe nennen. Eine *anonyme schriftliche Befragung* über die Gründe wäre ebenso möglich.

Es kann sein, dass einige den Klassenrat fürchten, weil sie ihn doch eher als Klassengericht verstanden haben oder an anderen Schulen negative Erfahrungen gemacht haben. In so einem Fall muss *das Prinzip des Klassenrats* noch mal ausführlich *erklärt* werden. Es geht um die Lösung der Konflikte. Es ist normal, dass es im Schulalltag Probleme gibt, und es gilt die Regel, dass im Klassenrat keine Strafen vergeben werden. Wenn von den Kinder nichts eingebracht wird, kann man Themen nehmen, die einem selber auffallen. Man kann auch bei den anderen Lehrern der Klasse nachfragen, ob es Themen gibt, die besprochen werden sollten. Der Klassenrat muss keineswegs immer wöchentlich stattfinden – vierzehntägig ist ebenso vertretbar, wenn es nur wenige Themen gibt.

Vielleicht liegt die schwache Beteiligung auch daran, dass es in der Klasse noch keine richtige Kultur des Miteinanders gibt. Alles, was die *Klassengemeinschaft fördert*, kann hier hilfreich sein: Klassenausflüge, Lesenacht in der Schule und viele kooperative Abenteuerspiele können die Lust am Klassenrat wecken.

Wenn unrealistische Lösungsvorschläge eingebracht werden

Die Lösungsvorschläge der Kinder sollten alle unkommentiert notiert werden. Es ist zulässig, dass sich Kinder zu den Vorschlägen äußern. Dabei sagen sie manchmal, dass sie den Vorschlag aus bestimmten Gründen nicht gut finden. Das kann dann in die spätere Auswahl der Lösungsvorschläge mit einfließen.

Bei gewissen Vorschlägen melde ich mich aber doch zu Wort. Vorschläge, die nicht umsetzbar sind, sollten *gar nicht erst mit aufgenommen* werden – z. B. aus rechtlichen Gründen unmögliche Vorschläge: Wenn beispielsweise immer wieder Schäden im Fahrradkeller auftauchen, ist es ein beliebter Vorschlag, dass eine Kamera installiert wird. Das ist naheliegend, aber nicht erlaubt.

Wenn es um nicht anwesende Personen geht, die in den Lösungsvorschlag involviert sind, muss man auch die Frage nach der Umsetzung klären: *»Das soll dann der Klassenlehrer der 8a den Schülern sagen.«* Das kann ein hilfreicher Vorschlag sein, aber es muss *genau geklärt* werden, wer es wann dem Klassenlehrer sagt. Dass das zum

Lösungsvorschlag dazugehört, muss man den Kindern immer wieder in Erinnerung rufen.

Wenn der Klassenrat einfach nicht funktioniert

Aus unterschiedlichen Gründen kann man unzufrieden sein mit dem Verlauf der Klassenratsstunde – z. B. lässt die Disziplin zu wünschen übrig, es werden keine Probleme eingebracht oder die Struktur wird einfach nicht angenommen. Grundsätzlich sollte man den Klassenrat nicht erzwingen. Es kann sein, dass eine Klasse die *Voraussetzungen* einfach noch nicht mitbringt und dass der Zeitpunkt der Einführung doch noch zu früh ist. Lassen Sie sich Zeit, machen Sie der Klasse keine Vorwürfe und starten Sie zwei Monate später noch einmal. Vielleicht haben Sie Ihre Erwartungen auch zu hoch geschraubt. Vielleicht lief es im letzten Jahr besonders gut mit einer Klasse, und dieses Jahr haben Sie eine ganz andere Klasse vor sich.

Wenn der Klassenrat für Sie ganz neu ist, sind Sie mit sich vielleicht zu kritisch oder doch unsicherer in der neuen Rolle, als Ihnen bewusst war. Man muss die Gründe gar nicht immer genau kennen – vielleicht klappt ein

Neustart nach ein paar Wochen einfach besser. Wenn Sie trotz aller Schwierigkeiten weiter dranbleiben wollen, suchen Sie nach den positiven Anteilen. Der Klassenrat ist trotz seiner einfachen Struktur sehr komplex. Nehmen Sie sich nach einer Klassenratsstunde etwas Zeit und suchen Sie nach allem, was gut lief und geklappt hat. Vielleicht gab es ja doch einiges Positive in der Stunde. Sie können auch eine Kollegin bitten, mal *Zuschauerin zu spielen*, und sich hinterher mit ihr darüber austauschen, was ihr aufgefallen ist. Das kann sehr hilfreich sein.

Wenn jemand das Problem einer anderen Person einbringt

Es ist zulässig, dass jemand ein Thema anspricht, das nicht direkt mit ihm selbst zu tun hat. Es sollte aber eine emotionale Betroffenheit mit im Spiel sein oder ein persönlicher Grund. Es kommt immer mal wieder vor, dass einem Kind in der Klasse auffällt, dass ein anderes ausgeschlossen oder unfair behandelt wird. Da es das als Ungerechtigkeit empfindet, darf es dieses Thema auch selbst einbringen. Lena sagt: »*Ich finde es unfair, wie die Jungs den Marius behandeln.*« Dann muss natürlich erst mal Mario gefragt werden, ob das Thema im Klassenrat besprochen werden darf. Manchmal sind die betroffenen Kinder ganz froh, wenn andere es ansprechen.

Wenn die Beteiligten den Beschluss ablehnen

Eher selten kommt es vor, dass die ausgewählten Beschlüsse von den Beteiligten nicht akzeptiert werden. Einmal habe ich erlebt, dass sich vier Jungs bei einer Mitschülerin entschuldigen sollten. Sie lehnten es ab, obwohl schon alles besprochen war. Das lag eventuell daran, dass sie eine Gruppe waren, oder vielleicht war ihre Sicht der Dinge doch nicht *richtig geklärt* worden.

In einem anderen Fall, wo es schon absehbar war, dass die Beteiligten die Sache anders sahen, fassten wir den Beschluss von vornherein offener. Den Betreffenden wurde *freigestellt*, ob sie sich entschuldigen – zumal in dem Fall gar nicht ganz klar war, wer sich an der Sache alles beteiligt hatte (eine Mitschülerin war im Sportunterricht von mehreren ausgelacht worden). Wenn die Ablehnung am Ende des Klassenrats überraschend kommt, nachdem das Thema schon ausführlich besprochen wurde, würde ich den Klassenrat *ohne Beschluss beenden* und der Klasse wie den Beteiligten mitteilen, dass es ein klärendes Gespräch in der kleinen Gruppe geben wird. Eventuell war der Klassenrat nicht das geeignete Mittel, um diesen Konflikt zu lösen. Daher sollte man sich die *Zeit nehmen*, in einer kleineren Gruppe ein *Extragespräch* zu *führen*, um die Sache zu bereinigen.

Wenn Strafen gefordert werden

Die Lösungsvorschläge der Kinder beinhalten häufig die Forderung nach einer Strafe für andere. »*Wenn die Großen nicht aufhören, uns in der Pause zu ärgern, müssen die eine Strafarbeit machen und nachsitzen!*« Hinter diesen Forderungen steht oft eine Hilflosigkeit oder einfach das Muster, das sie aus dem Schulalltag kennen. Im Klassenrat gibt es jedoch grundsätzlich *keine Strafen*. Es werden Lösungen gesucht – und falls diese mal nicht umzusetzen sind, sucht man nach anderen Lösungen. Grundsätzlich gehe ich davon aus, dass eine Lösung funktioniert – das sollte die Haltung aller Beteiligten sein. Erst im zweiten Schritt wäre es zu überlegen, was passiert, wenn das Problem bestehen bleibt und sich nichts ändert. Die Kinder können den Wunsch äußern, dass es Konsequenzen haben sollte, wenn beispielsweise ein anderes Kind sein störendes Verhalten nicht ändert. Wenn ein Problem im Klassenrat dauerhaft nicht gelöst werden kann, wird es *aus dem Klassenrat herausgenommen.* Für eventuelle Konsequenzen wäre dann die Lehrkraft zuständig.

Wenn die Schüler den Klassenrat alleine leiten möchten

Ich persönlich habe die Erfahrung gemacht, dass Kinder der 5. Klasse mit der alleinigen Leitung des Klassenrats schnell überfordert sind. Zumindest in der 5. Klasse sollten die Lehrer *den Verlauf des Klassenrats begleiten.* Das bedeutet, sie sollten auf folgende Punkte achten: Hat sich das Thema verschoben? Sind alle noch beim eingebrachten Problem, stimmt der Umgangston noch? Dreht sich die Diskussion vielleicht im Kreis? Geht es noch lösungs- und nicht problemorientiert zu? Fühlt sich niemand angeklagt und werden Meinungsäußerungen geschützt?

Ein Kind ist damit in der Regel überfordert. Bei Jugendlichen ist es schon eher denkbar. Wenn der Klassenrat regelmäßig über Jahre geführt wird, ist es das Ziel, dass er auch von einer Schülerin oder einem Schüler geleitet wird. Für dieses Amt ist sicher nicht jede Person geeignet. Es verlangt eine gewisse Neutralität – was aber schwierig ist, da einzelne Schüler immer Teil der Gruppe sind. Interessierte Schüler kann man aber im zweiten Jahr auf dieses Amt vorbereiten und sie dabei gut begleiten.

Es gibt natürlich auch die Möglichkeit, einige Schüler extra dazu auszubilden, ähnlich wie z. B. Streitschlichter. Eva und Hans-Joachim Blum behandeln in ihrem Buch *Der Klassenrat* (siehe Literaturverzeichnis) das Thema ausführlich. Sie bieten konkrete Vorschläge zur Ausbildung von *Klassenratsmoderatoren.*

Wenn vom eigentlichen Thema abgewichen wird

Es ergibt sich immer wieder, dass die Schüler während der Diskussion vom eigentlichen Thema abkommen – das ist eine zutiefst menschliche Angewohnheit. Wenn sich jemand über Julias Verhalten geärgert hat, berichten typischerweise auch andere, was für einen Ärger sie mit Julia haben. Ich verweise dann meist auf die drei *Eingangsfragen* und denjenigen, der das Thema eingebracht hat. Dennis hatte sich über Julia geärgert – das ist unser Thema. Wenn Marie und Jonas sich auch öfter über Julia ärgern, hätten sie sich ebenso eintragen können. Entweder war es bisher doch nicht so schlimm, oder sie waren zu bequem und nutzen nun die Gelegenheit, bei dem Thema mit einzusteigen. So soll es aber nicht laufen. Wenn man mehrere andere Kinder mit »reinnimmt«, verliert man schnell das eigentliche Anliegen aus den Augen – was ja demjenigen Kind gegenüber nicht fair ist, das sich getraut hat, sich einzutragen und das Thema zu schildern.

Es gibt aber auch Ausnahmen. Manchmal ist es doch wichtig zu erfahren, dass ein Kind in der Klasse anscheinend viele andere ärgert oder ihnen häufig Sachen wegnimmt. Dann muss man sich klarmachen, dass es hier nicht um eine Streiterei zwischen zwei Kindern geht, sondern dass wohl jemand massiv den »Klassenfrieden stört«. Es ist eine Gratwanderung, ob und wann man eingreift. Beides kann sinnvoll sein, ich *entscheide* es meist *situativ.* Wenn man die Angelegenheit als Einzelfall behandelt und die anderen Kinder »ausgebremst« hat, haben sie ja immer noch die Möglichkeit, es beim nächsten Mal anzusprechen. Dann wird deutlich, dass es wohl doch ein Klassenthema ist und dementsprechend behandelt werden kann.

7 Anmerkungen zu den Ämtern

Es sind fünf Kinder, die vier Ämter innehaben. Häufig fühlen sich aber leider noch mindestens fünf weitere Kinder dazu berufen, diese Amtsträger zu kontrollieren, oder sogar die ganze Klasse meint, die die Ausführungen kommentieren zu müssen. Meinen Unmut darüber mache ich in solchen Situationen sehr deutlich. Zum Beispiel wird der unsicheren Zeitmanagerin ständig die Armbanduhr hingehalten und angedeutet, dass sie Bescheid sagen soll, dem Klingelmeister wird laut gesagt, er solle doch klingeln und für Ruhe sorgen. Ein solches Verhalten ist wenig hilfreich – zumal die Beteiligten dann gar nicht mehr beim eigentlichen Thema sind. Ich versuche, dies zu unterbinden, und sage, dass jede Person versucht, ihr Amt so gut sie kann auszuüben. Und wenn einige meinen, sie könnten es besser, können sie es ja unter Beweis stellen, wenn sie in einer der kommenden Stunden ein Amt ausführen.

Wenn man den Eindruck hat, dass die Amtsinhaber Unterstützung brauchen, ist es die Aufgabe der Klassenleitung, dafür zu sorgen. Es gibt auch Kinder, die nur ungerne ein Amt übernehmen – vor allem, wenn sie unsicher sind. Jedes Kind sollte sich aber ausprobieren und das Amt so gut, wie es kann, ausführen. Dabei gibt es natürlich mehr oder weniger Begabte – das muss nicht kommentiert oder diskutiert werden. Die Kinder sollen ihre Ämter auch nicht tauschen. Wenn einzelne Kinder sehr unsicher oder unglücklich sind, weisen Sie noch mal darauf hin, dass jede Person versucht, das Amt so gut auszuführen, wie sie es persönlich kann – auch wenn das gelegentlich etwas Geduld erfordert.

Schreiber der Rednerliste

Dieses Amt ist nicht ganz einfach, meist klappt es erst nach einiger Zeit. Der Sinn der Rednerliste ist es, dass die Kinder sich nicht so lange melden müssen und dass die Reihenfolge der Meldungen eingehalten werden kann. Mit der Reihenfolge ist es besonders am Anfang nicht so einfach. Sobald das Problem genannt ist, gehen oft ganz viele Finger hoch. Daher sage ich am Anfang, dass die Amtsinhaber dabei kaum eine Chance haben, die korrekte Reihenfolge einzuhalten, und bitte die Mitschüler um Verständnis.

Im Laufe der Diskussion wird es dann einfacher. Wenn sich die Kinder nur ganz vereinzelt melden, bräuchte man die Namen eigentlich nicht aufzuschreiben, man könnte sie einfach aufrufen. Bisher war es aber allen Schreibern der Rednerliste wichtig, jeden einzelnen zu notieren, der sich meldet. Manchmal werden sie sogar noch aufgeschrieben, während sie reden. Das ist eigentlich unnötig, aber ich lasse es unkommentiert zu. Anscheinend sind die Schülerinnen und Schüler so konditioniert, dass die Liste vollständig sein soll. Ich denke, es würde sie nur verwirren, wenn ich erkläre, dass sie die Kinder nicht aufschreiben müssen, bei denen die Reihenfolge überschaubar ist. Die Liste wird ja hinterher nicht mehr gebraucht. Einige finden es irritierend, dass die Liste nur für den Verlauf wichtig ist und dann wegkommt. Es ist aber manchmal auch interessant, am Ende noch einen Blick darauf zu werfen und zu sehen, wer und wie viele sich beteiligt haben, da man oft rückwirkend einen verzerrten Eindruck von der Beteiligung hatte. Das Einzige, was ich sage, wenn die Kinder so gewissenhaft die Namen aufschreiben, ist: Aufrufen geht vor Aufschreiben. Gerade am Anfang wollen sie zunächst alle Namen aufschreiben und erst dann den ersten aufrufen. Bei diesem *Zeitfresserchen* müssen aber alle unnötig warten. Deshalb fordere ich sie auf, doch zumindest mal den ersten Namen vorzulesen, auch wenn einer gerade noch die Namen notiert.

Es kommt häufig vor, dass Kinder aufgerufen werden, die auf der Rednerliste stehen, dann aber sagen, sie hätten sich gar nicht gemeldet. Oft sagen sie es mit großem Erstaunen oder fast empört. Die Schreiber der Rednerliste sagen dann: »*Doch, du hast dich aber gemeldet*«, und schon geht eine nutzlose zeitraubende Diskussion los. Auch dieses *Zeitfresserchen* sollte ganz schnell unterbunden werden. Am besten stellen Sie gleich am Anfang klar: Wenn die »Falschen« aufgerufen werden, gibt es keine Diskussion, die Aufgerufene sagt nur »*Nein, ich hatte mich nicht gemeldet*«, dann wird sofort die nächste Person aufgerufen. Wenn doch eine Diskussion losgeht, sage ich: »*Egal! Wer steht als Nächstes auf der Liste?*«

Manchmal vergisst jemand auch einfach seinen Beitrag. Er bekommt eine kurze Nachdenkzeit, anschließend soll er sagen »*Hab ich vergessen*« und sich gegebenenfalls später wieder auf die Liste setzen lassen.

Schriftführerin

Die Schriftführerin hat mehrere kleine Aufgaben, was nicht immer ganz einfach ist. Besonders schwierig ist es, wenn in einer Stunde mehrere Anliegen bearbeitet werden: wenn sie also gerade den Beschluss ins Heft schreiben muss – was ja schon einige Zeit in Anspruch nimmt –, die Klasse aber darauf wartet, dass vorgelesen wird, wer sich noch eingetragen hat. Sie muss dann kurz aufhören zu schreiben, zurückblättern und vorlesen, wer als Nächstes auf der Liste steht. Dann muss sie sich wieder daran erinnern, welche Formulierung des Beschlusses sie aufschreiben wollte. Das klappt natürlich oft nicht. In solchen Fällen greifen meist die Sitznachbarn helfend ein, was zwar gut ist, aber das Dilemma trotzdem nicht immer löst. Eine Möglichkeit, dieses Zeitfresserchen zu stoppen, wäre, dass die Lehrkraft als Gesprächsleitung sich die Namen vorher kurz abschreibt und sie bei Bedarf vorliest, damit es weitergehen kann.

Klingelmeister

Dieses Amt ist am beliebtesten, aber wunderlicherweise schaffen es nur die Wenigsten, es wirklich gut auszuführen. Sie sollen bei einer Störung kurz klingeln und den Namen des betreffenden Kindes nennen, evtl. auch noch, worin die Störung bestand. Meist klingeln sie viel zu spät und nennen fast nie den Namen des störenden Kindes. Dann sind schon mehrere laut und niemand fühlt sich durch das Klingeln angesprochen. Damit das klappt, muss es intensiv eingeübt werden. Einige schaffen es aber auch sehr schnell. Sie bekommen dann von mir meist ein bestätigendes Kopfnicken, da es anscheinend doch wirklich schwer ist, seine Mitschüler »auszuklingeln«. Aber wenn die störenden Kinder wirklich beim Namen genannt werden, reagieren sie in der Regel ganz gut darauf. Zuweilen gibt es aber auch Kinder, die empört reagieren: *»Ich hab doch gar nicht …«* Das unterbinde ich sofort. Wenn der Klingelmeister es als Störung empfunden hat, hat er das Recht, darauf hinzuweisen. Keine Diskussion – es gibt ja schließlich auch keine Konsequenzen. Vielleicht hat sich der Klingelmeister ja auch in der Person geirrt. Das kann vorkommen, ist aber keine Diskussion und somit Unterbrechung wert.

Zeitmanagerin

Die Zeitmanagerin ist die einzige Person, die unaufgefordert in den Raum rufen darf bzw. sogar soll. Zu der vereinbarten Zeit – im Allgemeinen zehn Minuten vor Ende der Stunde – soll sie Bescheid sagen, zum Beispiel *»Zehn Minuten noch«* oder *»Es ist fünf nach eins«*. Genau da liegt aber komischerweise für viele das Problem. Viele trauen sich nicht und murmeln es ganz leise, sodass es niemand hört, oder sie melden sich und warten, bis sie sieben Minuten später drangenommen werden. Darauf sollten Sie zu Beginn besonders hinweisen und es mit den Kindern einüben. Manche Zeitmanager neigen auch dazu, wie beim Countdown jede Minute Bescheid zu sagen: *»Noch zehn Minuten«*, *»noch neun Minuten«* usw. Die Zeitmanagerin soll die Ansage nur einmal machen, nicht zehn Minuten lang. Am besten gibt man eine kurze Rückmeldung, dass man den Hinweis gehört hat.

8 Gehört das in den Klassenrat?

Es gibt immer wieder Themen, bei denen sich die Lehrkraft fragt, ob sie überhaupt für den Klassenrat geeignet sind. Manchmal protestieren sogar einige Kinder und sagen, das Thema gehöre nicht in den Klassenrat. Die Entscheidung darüber ist manchmal schwierig, denn man läuft Gefahr, zu früh einzugreifen und dadurch vielleicht einige zu verunsichern, sich mit ihrem Anliegen einzutragen. Grundsätzlich darf jedes Kind entscheiden, was es im Klassenrat besprechen möchte. Manchmal wundert man sich aber, wie doch ein Maulwurfshügel mit einem Berg verwechselt wird. Das sollen aber die Kinder selbst kommentieren und entscheiden.

Der Klassenrat ist auch dafür da zu lernen, dass das, was für manche nur ein Maulwurfshügel ist, anderen doch wie ein Berg erscheint. Das sollen sie untereinander klären. Im Klassenrat werden die Meinungen stehen gelassen oder kontrovers diskutiert. Das ist zumindest das erklärte Ziel. Minderheiten kommen auch zu Wort.

Da es immer wieder Reibereien auf dem gemeinsamen Schulweg gibt, landen auch die mal im Klassenrat. Einer hat ein Mädchen vom Fahrrad geschubst oder ihm sonst wie den Heimweg schwergemacht. Wenn das eingebracht wird, kommt bald der Einwurf, das gehöre doch gar nicht in den Klassenrat, weil es nicht in der Schule passiert sei. Grundsätzlich ist das keine Schulangelegenheit mehr, ich habe es aber trotzdem immer besprechen lassen. Da es ein Konflikt unter Klassenkameraden ist, wirkt es in den Schulalltag hinein und kann auch dort besprochen werden.

Können private Themen im Klassenrat besprochen werden?

Im Klassenrat werden Situationen aus der Klasse oder der Schule besprochen. Es ist den Kindern aber freigestellt, auch über Persönliches zu sprechen. Ich habe schon einige Male erlebt, dass Kinder ihre persönlichen Probleme zur Sprache bringen und von der Klasse Tipps bekommen möchten. Ein Junge berichtete, dass sein Vater immer so wütend wird, wenn er schlechte Noten mit nach Hause bringt. Dazu konnten ihm ganz viele Kinder ähnliche Erlebnisse berichten und hatten ein paar Tipps für ihn. Ich fand es eine große Leistung von dem Jungen, etwas so Persönliches einzubringen. Er schaffte es auch, es als sein eigenes Problem zu schildern und dabei nicht schlecht über seinen Vater zu reden. Man sollte sehr wachsam sein, wenn Kinder Persönliches preisgeben, und notfalls eingreifen, falls es doch zu privat ist und nicht für die Ohren aller Mitschüler bestimmt ist. Auch wenn nichts ausgeplaudert werden soll, gibt es keine Garantie, dass sich alle daran halten.

9 Weitere Tipps für das Gelingen des Klassenrats

Im Text sind schon viele Zeitfresserchen genannt, deren Vermeidung natürlich den Ablauf erleichtert. Auch eine angenehm klingende und gut hörbare Glocke ist sehr wichtig. Hier folgen noch ein paar weitere Tipps, wie ein Klassenrat gut gelingen kann.

Stuhlkreis

Der Klassenrat findet immer im Stuhlkreis statt. Einige Klassen haben zuverlässige Kinder, die sich in der Pause den Schlüssel holen und den Kreis aufbauen. Das ist gut, denn so vergeht keine Zeit am Anfang der Stunde und man vermeidet den Tumult, wenn 25 Kinder ihre Tische zur Seite schleifen und die Stühle in die Mitte schieben.

Klassenratskoffer

Inzwischen habe ich mir eine Mappe angeschafft, in der alle nötigen Utensilien für den Klasserat enthalten sind. Es sind die vier laminierten DIN-A4-Blätter, auf denen die Ämter mit einem jeweiligen Symbol stehen. Eine Folie zeigt die drei Eingangsfragen – auf der Rückseite steht das berühmte »Du«. Außerdem gibt es noch zwei Klemmbretter mit ausreichend Papier. Das eine ist für die Rednerliste bestimmt, das andere für die Schriftführerin zum Notieren der Lösungsvorschläge, dazu zwei Kugelschreiber. Nur die Glocke passt leider nicht mit hinein.

Dieser »Koffer« spart sehr viel Zeit und vermeidet Unruhe. Die Ämter werden erst vergeben, wenn alle im Stuhlkreis sitzen. Daher müssten diejenigen, die ein »Schreibamt« bekommen, immer noch mal aufstehen und aus ihrem Ranzen die Schreibutensilien holen. Das kostet Zeit, wenn kein Klassenratskoffer parat ist.

Beschlüsse auf Leserlichkeit überprüfen

Die Klassenratsstunde beginnt mit dem Überprüfen der Beschlüsse aus der letzten Stunde. Dazu liest die Schriftführerin die Einträge vom letzten Klassenrat vor. Oft erlebe ich, dass dies sehr schwierig ist, weil der Eintrag nicht richtig entziffert werden kann. Kinder tun sich schwerer als Erwachsene, Unleserliches zu entziffern. Die Versuche führen zu großer Unruhe und vielen Kommentaren, womöglich versucht der Sitznachbar zu helfen usw. Das kostet Zeit und ist eine unnötige Unterbrechung. *Zeit-*

fresserchen! Es lohnt sich daher, die Einträge am Ende der Stunde zu kontrollieren und ggf. leserlich zu korrigieren – dieser kleine Mehraufwand seitens der Lehrkraft lohnt sich immer!

10 Was man vermeiden sollte

Ämter selbst auswählen lassen

Anfangs habe ich die Kinder die Ämter noch selbst wählen lassen. Es gab dann natürlich immer Diskussion, wer welches Amt schon gehabt hatte. Also habe ich es jedes Mal notiert. Aber auch das hat alles viel Zeit gekostet.

Inzwischen bin ich der Meinung, dass jedes Kind prinzipiell jedes Amt übernehmen kann und somit der Zufall per Klassenliste über die Ämterverteilung entscheiden soll. Es gibt immer wieder Kinder, die nicht sehr glücklich sind, dass sie die Rednerliste führen sollen. Wenn die Klasse ihre Probleme eigenständig lösen will, gehört auch die Übernahme der weniger beliebten Ämter dazu. Es geht nicht, dass nur nach dem Wunschprinzip das gewählt wird, wozu man Lust hat – und was übrig bleibt, kann die Lehrerin übernehmen oder jemand, der sich dafür »opfert«. Es kann eine Herausforderung und Chance sein, ein Amt zu übernehmen, das man eigentlich nicht wollte.

Abstimmung

Im Klassenrat sollte man prinzipiell nicht abstimmen, sondern lieber einen Konsens finden – eine Lösung, mit der alle leben können. Es gibt aber wenige Ausnahmen, wo eine Abstimmung doch sinnvoll sein kann. Beispielsweise, wenn die Sitzordnung verändert werden soll oder wenn entschieden wird, wohin der nächste Ausflug gehen soll. Wenn also verschiedene Varianten vorgeschlagen werden, kann es sinnvoll sein, die Mehrheit entscheiden zu lassen, wie die Klasse künftig sitzen soll bzw. ob die Mehrheit lieber in den Zoo oder auf den Abenteuerspielplatz will. Bei einem Vorschlag mit vielen Gegenstimmen würde man sonst keinen Konsens erreichen und ist auf eine Abstimmung angewiesen. Man sollte dem Wunsch der Kinder nach einer Abstimmung nur in Ausnahmefällen nachkommen.

Wandzeitung

Einige Kollegen arbeiten gerne mit einer Wandzeitung. Dort wird im Laufe der Woche für alle sichtbar eingetragen, wer was besprechen möchte (siehe Birte Friedrichs Praxisbuch *Klassenrat*). Mir war es aber immer wichtig, dass das Thema erst in der Klassenratsstunde bekannt gemacht wird. Wer etwas besprechen möchte, trägt nur seinen Namen in das Klassenratsheft ein, nicht das Thema. Ich möchte vermeiden, dass es vorab schon Diskussionen über das Thema gibt und das Problem vielleicht dann von der betroffenen Person heruntergespielt wird oder die vortragende Person verunsichert wird. Es gibt ja einen Grund, warum es mit der ganzen Klasse besprochen werden soll, sonst hätte das Kind es schon im Gespräch mit anderen Kindern versucht.

Andere haben aber gerade in der Grundschule durchaus gute Erfahrungen mit einer Wandzeitung gemacht. Probieren Sie es doch selbst aus bzw. besprechen Sie mit den Schülern, was diese vorziehen.

Detaillierte Einführung

In den ersten Jahren an der Schule habe ich den Klassenrat immer sehr ausführlich vorgestellt. Ich habe in der Klasse die Regeln und den Ablauf detailliert besprochen. Inzwischen gibt es von mir nur noch eine kurze Einführung über den Sinn des Klassenrats, den Ablauf und die Regeln. Ich sage den Kindern auch, dass ich anfangs immer mal wieder an gewisse Regeln erinnern werde, sie diese aber ganz schnell über »Learning by doing« verinnerlichen werden. Bei den Ämtern muss man sowieso eine Zeit lang immer mal wieder an etwas erinnern. Bei der Ämtervergabe frage ich anfangs immer nach, ob die Kinder zu ihren Ämtern noch Fragen haben – die lassen sich dann meistens schnell klären. Wichtig ist aber der einmal durchgespielte Ablauf mit einem Probethema.

11 Was Sie sonst noch wissen sollten

Die veränderte Rolle der Lehrkraft

Formal hat eine Lehrkraft im Klassenrat zwei Rollen, das soll auch den Kindern so vermittelt werden. Wenn sich eine Lehrkraft inhaltlich an der Diskussion oder der Lösungssuche beteiligen möchte, ist sie eine Teilnehmerin wie alle anderen im Klassenrat. Sie meldet sich, kommt auf die Rednerliste und wird aufgerufen. Außerdem hat sie aber immer die Gesprächsleitung und somit die Oberaufsicht.

Wenn der Ablauf seine Bahn verlässt, wenn sich trotz Klingelmeister nicht alle an die Regeln halten, wenn Beleidigungen auftreten oder völlig unangemessene Lösungsvorschläge genannt werden: Das sind Punkte, an denen die Lehrkraft ganz eindeutig die Leitung übernimmt. Bei allem anderen sollte sie sich zurückhalten. Beiträge und Argumente werden nicht bewertet, es gibt kein Richtig oder Falsch. Die Klasse muss im Klassenrat ihren eigenen Weg finden, die Lehrkraft begleitet und achtet auf die Einhaltung der Regeln.

Die Lehrkraft sollte den Klassenrat auch nicht für allgemeine Belehrungen der Klasse nutzen, z. B. über die Hausaufgabenmoral. Grundsätzlich kann sich die Lehrerin, wenn sie etwas besprechen möchte, in das Heft eintragen und genau wie die Kinder anhand der Drei-Fragen-Folie ihr Thema einbringen.

Regelmäßigkeit nicht unterbrechen

Da es an vielen Schulen leider keine ausgewiesene Stunde für den Klassenrat gibt, ist die Zeit eigentlich immer knapp. Die Klassenleitung muss in ihren Stunden auch noch viele andere Dinge unterbringen, sodass der Klassenrat zuweilen »hinten runterfällt«. Der Klassenrat ist erfahrungsgemäß nur sinnvoll, wenn er nach der Einführung über drei bis vier Monate regelmäßig wöchentlich durchgeführt wird. Ist er erst einmal etabliert, kann er später vierzehntägig oder nach Bedarf stattfinden.

Kinder nicht alleine lassen

Im Klassenrat werden durch die Ämter einige »Lehreraufgaben« an die Klasse delegiert. Das bedeutet aber nicht, dass die Kinder den Klassenrat automatisch eigenverantwortlich führen können. Das ist das angestrebte Ziel, zu dem es aber viel Unterstützung von Lehrerseite braucht. Sich zurücklehnen nach dem Motto *»Na, nun zeigt mal, was ihr könnt«* funktioniert nicht. Die Klasse darf bei ihrem Selbstständigkeitsprozess nicht allein gelassen werden. Die Verantwortung für den Erfolg liegt in einer guten Führung, die schließlich die Übergabe der Klassenratsleitung in die Verantwortung der Schüler zum Ziel hat.

Klassenrat in der Grundschule

Meine Erfahrungsberichte beruhen auf der Durchführung des Klassenrats ab der 5. Klasse. In der Grundschule bis zur 4. Klasse sollte der Klassenrat dem Entwicklungsstand der Kinder gemäß etwas anders ablaufen. Hierzu gibt es viele Beispiele in der Literatur, die Sie in der Literaturliste am Ende des Buchs finden können.

Grenzen des Klassenrats

Der Klassenrat ist ein effektives demokratisches Mittel, Konflikte innerhalb einer Klasse zu lösen. Er erzeugt Mut, Konflikte zu benennen, fördert die Meinungsbildung und etabliert eine Streitkultur. Er kann aber nicht dafür verantwortlich gemacht werden, grundsätzlich alle auftretenden Probleme zu lösen. Es gibt Konflikte, die zu einem bestimmten Zeitpunkt nur schwer oder auch mal gar nicht lösbar sind. Probleme, die in der Schule vorkommen bzw. die durch das System Schule entstehen, sind besonders schwer zu lösen – egal, von wem. Dennoch bin ich immer wieder fasziniert, mit welcher Fantasie und Kreativität sich die Kinder auch an diese Lösungssuche heranwagen. Man sollte sich die Haltung angewöhnen: Wir nutzen den Klassenrat, um Lösungen zu suchen. Die gefundenen Beschlüsse werden ausprobiert. Wie in anderen Lebenssituationen gibt es schwer aushaltbare Situationen, die man ändern möchte, die aber leider sehr dauerhaft sein können. Auch damit muss man leben lernen.

Grundsätzlich hat die Lehrkraft die Verantwortung zu entscheiden, ob das eingebrachte Thema für den Klassenrat – also die Lösungssuche den Kindern zu überlassen – angemessen ist. Bei Gewalt, sexueller Belästigung oder grober Sachbeschädigung ist es nicht Aufgabe der Klasse, Lösungen zu finden. In solchen Fällen muss die Lehrkraft deutlich machen, dass die Zuständigkeit an anderer Stelle liegt und sie sie auch dorthin weiterleitet.

Anhang: Folienvorlagen

Aufgrund des kleinen Buchformats ist es nicht möglich, DIN-A4-Vorlagen für die Ämterschilder beizufügen. Die Schilder sind aber recht einfach selbst zu gestalten. Man schreibt den Ämternamen auf das Blatt und darunter die Aufgabe:

Schreiber der Rednerliste

Schreiben die Rednerliste und rufen auf

Schriftführer/-in

Notiert die Lösungsvorschläge und liest sie vor;
schreibt den Beschluss in das Heft

Klingelmeister/-in

Klingelt, wenn Regeln nicht eingehalten werden

Zeitmanager/-in

Sagt 10 Minuten vor dem Ende der Stunde Bescheid

Daneben braucht man noch die Drei-Fragen-Folie:

1) Was ist das Problem?

2) Wie fühlst du dich dabei?

3) Was möchtest du?

Auf die Rückseite kann man das Wort »Du« schreiben, um an die richtige Anrede zu erinnern. Die fünf Zettel können Sie für den dauerhaften Gebrauch laminieren lassen.

Weiterführende Literatur

Grossmann, C. (1996): Projekt Soziales Lernen: Eine Praxismappe aus dem Schulalltag. Mülheim an der Ruhr (Verlag an der Ruhr).

Eichhorn, C. (2008): Classroom-Management. Stuttgart (Klett-Cotta).

Kästner, E. (1936): Doktor Erich Kästners Lyrische Hausapotheke. Zürich (Atrium).

Pölert-Klassen, A. u. K. Hurrelmann (1997): Soziales lernen: Arbeitsheft 1, Wir lernen uns kennen. Berlin (Cornelsen).

Blum, E. u. H.-J. Blum (2006): Der Klassenrat, Ziele Vorteile Organisation. Mühlheim an der Ruhr (Verlag an der Ruhr).

Friedrichs, B. (2009): Praxisbuch Klassenrat, Gemeinschaft fördern, Konflikte lösen. Weinheim & Basel (Beltz).

Hensel, S. u. N. Hensel (2014): Klassenrat in der Grundschule. Hamburg (Persen).

Dank

Für die Unterstützung während der drei Jahre, in denen dieses Buch herangewachsen ist, möchte ich mich ganz herzlich bei meiner Familie bedanken. Ein besonders großer Dank geht speziell an meine Schwester, die mir unermüdlich Mut gemacht und mir auch über manche Stolpersteine hinweggeholfen hat. Die Idee zur Form des Buchs – eine Art Gebrauchsanweisung bei auftretenden Problemen – verdanke ich Erich Kästners Lyrischer Hausapotheke. Also auch ihm posthum meinen Dank.

Dieses Buch lebt von den Erfahrungen, die ich in meinem Arbeitsalltag als Schulsozialarbeiterin gesammelt habe. Daher geht ein großer Dank an alle Beteiligten der vielen Klassenräte, die ich an »meinen Schulen« durchführen durfte.

Diese Schulen sind:

- Käthe-Kollwitz-Schule in Obersulm
- Michael-Beheim-Schule in Obersulm
- Karl-Friedrich-Schimper-Schule in Schwetzingen

Über die Autorin

Cornelia Wolf, Studium der Erziehungswissenschaften; zunächst in der Jugendhilfe tätig, 2002–2015 Schulsozialarbeit, seit 2008 Systemische Beraterin.

Arbeitsschwerpunkte: Sozialpädagogische Beratung für Jugendliche und Familie; Soziales Lernen in Gruppen; Klassenrat-Fortbildungen.

Kontakt: klassenrat-wolf@gmx.de

ISIS
Institut für systemische Lösungen in der Schule

Schulen übergreifende systemisch-lösungsorientierte Weiterbildungen

- Beratung und Pädagogik
- Beratung und Therapie
- Organisationsentwicklung
- Dozenten

Schulinterne systemisch-lösungsorienierte Veranstaltungen

- Gesundheits- und Stressmanagement
- Systemisches Konfliktmanagement
- Umgang mit Disziplinschwierigkeiten
- Besser mit Klassen kommunizieren
- Gesprächsführung
- Elterngespräche führen
- Pädagogische Tage

ISIS-Akademie

3-stündige Abendveranstaltungen,
Samstags-Seminare zu aktuellen Themen in Köln

Supervisionsgruppen in **Köln** und **Wuppertal**

Informationen zu Weiterbildungen und Terminen
www.isis-institut-koeln.de

ISIS-Institut für systemische Lösungen in der Schule
Sedanstr. 31-33 • 50668 Köln • Tel: 0 221–98 94 50-80

Jürgen Pfannmöller

Der systemische Lehrer

Ressourcen nutzen, Lösungen finden

96 Seiten, Kt, 2. Aufl. 2015
ISBN 978-3-8497-0012-6

Jürgen Pfannmöller zeigt am Beispiel typischer Schulsituationen, wie Probleme entstehen – und wie eine veränderte Haltung neue Handlungsmöglichkeiten eröffnet. Selbst erfahrener Pädagoge, beschreibt er, wie sich mit einer geeigneten Fragehaltung Problemkonstruktionen aufspüren lassen, wie Muster unterbrochen werden können oder wie man sich aus Verstrickungen löst.

In kleinen Geschichten aus dem Blickwinkel eines Ich-Erzählers stellt Pfannmöller systemisches Denken und Handeln praxisnah vor und zeigt, wie es sich im Unterricht, in Beratungssituationen oder auch mal „zwischen Tür und Angel“ nutzen lässt.

„Ein hervorragender ‚Spicker‘, den man gut und gerne nutzen wird. Er hilft, den jungen Menschen in der Schule mit einer gesunden, wertschätzenden Haltung gegenüberzutreten. Entlastung für den Schulalltag ist hier garantiert möglich.“ Detlef Rüsch
Jugendsozialarbeiter an Schulen

Carl-Auer Verlag • www.carl-auer.de